SUMÁRIO

I0410179

INTRODUÇÃO

O objeto do presente ensaio é a busca de uma certa contribuição no que se refere ao processo de análise e entendimento da construção artística em João Guimarães Rosa, na forma como ela se manifesta em sua obra de estreia: coleção de contos ("short-stories") escritos inicialmente em 1937, quando participaram, ainda sem o título comum, em um concurso literário; e reescritos e publicados oficialmente em 1946, com o título *Sagarana*.

Partimos da tese de que, uma das vias fundamentais desse entendimento, entre muitas outras igualmente válidas, é a da consideração da obra, simultaneamente: (a) como *objeto* esteticamente concebido, referente à distribuição e organização dos diversos fenômenos e acontecimentos na forma de um enredo; (b) como *estrutura* semanticamente organizada, correspondente à hierarquização dos diferentes significados (ou motivos) na forma de um tema; (c) como *modelo* (ou *sistema*) de registro e interpretação da realidade, configurado na matriz de determinados gêneros, como o épico, o lírico, o dramático, etc.

Entende-se por *enredo*, segundo nossa perspectiva de análise, o organismo referente ao nível máximo de distribuição e organização das unidades (motivos, cenas, episódios, fábula, etc.) que constituem o sistema ficcional da obra, segundo a perspectiva desse ou daquele gênero particular (cf. cap. 3.); e, por *realidade*, entendemos o contexto da sociedade brasileira visto em sua globalidade, reproduzida no interior da obra a partir de uma de suas esferas mais características, que é a do chamado *mundo sertanejo*, [4] o que faz com que Guimarães Rosa, enquanto membro de uma determinada geração, no contexto da literatura de seu país, se destaque como escritor regionalista, ligando-se a outros como José Américo de Almeida, Rachel de Queiroz, José Lins do Rego, Graciliano Ramos, Jorge

Amado, Mário Palmério, Adonias Filho, João Cabral de melo Neto e ainda mitos outros, no que diz respeito a uma temática específica, que é a da conhecida *problemática do homem do sertão.*

No cumprimento desta tarefa, servimo-nos das mais diversas contribuições, subordinadas porém a uma orientação comum, que é a de teoria semiótica. Por teoria semiótico entendeu-se aqui, antes de mais nada, a perspectiva adotada por investigadores como Jan Mukarovsky e Iuri Lotman, enquanto membros, respectivamente, da escola de Praga da década de 1920 e da escola de Tartus (União Soviética) dos anos atuais. [6] Trata-se, pois, de um método não do tipo do que é utilizado pelos membros do estruturalismo francês (Barthes, Todorov, Greimas, Bremond, etc.), construído com base sobretudo nos princípios da Lingüística e do Estruturalismo; mas de um outro essencialmente diverso, elaborado a partir dos ensinamentos tanto da Lingüística e do Estruturalismo como também da Sociologia, da Antropologia, do Materialismo Dialético, da Teoria da Comunicação, da Estética e da própria Semiótica.

Dá-se, pois, o nome de *Semiótica,* segundo esta perspectiva de entendimento, não àquilo que os mencionados estruturalistas costumam chamar de "Semiologia", enquanto modelo de análise inspirado nos princípios da Fonologia; mas a algo, até a um determinado ponto, de natureza essencialmente diversa. Além disso, enquanto Barthes e seus colegas de escola que, para alcançar os objetivos por eles preconizados, - os de tornar o estudo literário uma ciência com as demais – inverteram completamente a lógica dos fatos, transformando a Semiótica num simples ramo da Lingüística e ainda convertendo tal estudo num processo de análise que, na verdade, não ultrapassa sequer o nível da fábula ou intriga; enquanto isso, tanto Mukarovský como Lotman – para os quais isto que chamamos de fábula ou intriga não passa de um eixo elementar de uma construção muito mais complexa, que é a do enredo propriamente dito, enquanto sistema artisticamente elaborado – parte justamente das bases indicadas por Peirce e Saussur (sobretudo por este último), devolvendo à Semiótica o lugar que os seus fundadores lhe havia concedido desde o seu nascimento, que é o de sua constituição enquanto Ciência dos signos da Linguagem em sentido amplo. Sistema no qual se incluem os conjuntos de signos pertencentes tanto à Língua propriamente dita (objeto da Lingüística), quanto à Cultura em que ela se acha inserida (objeto da Antropologia e de outras ciências). [9]

A matéria deste ensaio, em vista disso, subdivide-se em quatro partes fundamentais. A primeira refere-se à situação da obra Sagarana em seu contexto mais imediato, que é o da literatura regionalista e, dentro dele, o das narrativas do próprio Guimarães Rosa. A segunda refere-se à determinação disso que entendemos por modelo de interpretação artística da realidade, visto desde um ponto de vista estrutural-semiótico. A terceira refere-se à análise da composição do enredo enquanto sistema artístico-semiótico global, através de seus três níveis fundamentais, que são o do discurso narrativo, o do mecanismo da trama e o do conteúdo tramático, e que é justamente a forma de configuração do referido modelo. A quarta, finalmente, refere-se à aplicação dos mesmos princípios anteriormente estudados, correspondentes à função da obra enquanto modelo de interpretação artística da realidade, através porém de um outro aspecto, que é o do papel desempenhado por certos nomes próprios, na coleção Sagarana e no conjunto *Corpo de Baile*), em relação tanto à conduta de determinados personagens quanto ao tema básico da obra.

1. A TRADIÇÃO REGIONALISTA

O regionalismo, segundo Willi Bolle, "pode ser definido como o traço mais característico da ficção brasileira. É uma procura da identidade nacional, através da representação do homem que vive no meio rural: região do Nordeste, da Bahia, Amazônia, São Paulo, Rio Grande do Sul, Goiás, Minas Gerais". Em sua opinião, "foi do regionalismo que, repetidas vezes, partiu o impulso para a elaboração de programas e para a emancipação de modelos europeus: indianismo ou sertanismo, caboclismo ou caipirismo; Congresso Regionalista de 1926, Manifesto Antropofágico de 1928; ou, finalmente, romance socialmente engajado da década de 1930".

Para ser regionalista, diz Afrânio Coutinho, "uma obra de arte não somente tem que ser localizada numa região, mas deve também retirar sua substância real desse local. Essa substância", segundo ele, "decorre, em primeiro lugar, do fundo natural – clima, topografia, flora, fauna, etc. – como elemento que afeta a vida humana na região; e, em segundo lugar, das maneiras peculiares da sociedade estabelecida naquela região e que a fizeram distinta de qualquer outra. Este último", explica Coutinho, "é o sentido do regionalismo autêntico".

Quanto à vinculação de Guimarães Rosa a este contexto, trata-se de uma questão que, segundo nossa maneira de ver, já não oferece nenhuma dúvida, sobretudo para a crítica brasileira. "De um modo geral", opina Wendel Santos, "o autor de *Grande Sertão: Veredas* situa-se diante da crítica brasileira como um escritor regionalista, embora sempre de um tipo absolutamente especial. É um regionalismo transfigurado em Alfredo Bosi; é um regionalismo que supera a tradição em Wilson Martins. Em todo caso", argumenta Santos, "a crítica está unânime em situar Guimarães Rosa numa evolução cujos germes se perdem nas primeiras tentativas da apresentação da realidade brasileira. Na verdade", conclui o crítico goiano, "a palavra 'sertão' é um elemento-chave que toda a construção artística do criador do *Buriti*".

Neste sentido, a questão que ainda permanece de fato um tanto controvertida, dando origem aos mais diversos equívocos, é a que diz respeito à natureza específica desta vinculação. O crítico Hugo Loetcher, por exemplo, segundo Willi Bolle, já havia dito que "a literatura latino-americana apresenta uma preocupação fundamental: superar o regionalismo; e ele felicita Guimarães Rosa por tê-lo conseguido. Tal opinião", continua Bolle, "pode ser confrontada com uma observação de Álvaro Lins, que ressaltou em 1946 – anos da publicação de *Sagarana* – que o autor não ficou preso ao regionalismo convencional". E acrescenta: "os dois julgamentos vão aparentemente na mesma direção; mas, na verdade, cada um se baseia em um código de valor diferente. Lins acentua a novidade formal na ficção regionalista, mantendo regionalismo como valor. Loetcher, ao contrário, vítima de um preconceito negativo contra o regionalismo, faz pouco caso do fato de ser o regionalismo uma das bases históricas da ficção brasileira atual".

O próprio Guimarães Rosa, na entrevista concedida a Güter W. Lorenz, já havia declarado que, entre nós, "o regionalismo tem um significado diferente do europeu. (...) Naturalmente", prossegue o escritor mineiro, "não gostaria que, na Alemanha, me considerassem um *Heimatschiftsteller*. Seria horrível, uma vez que é para você o que corresponde ao conceito de 'regionalismo' ". E, além disso, esclarece Guimarães Rosa: "não se deve supor eu quase toda a literatura brasileira esteja orientada para o regionalismo, ou seja, para o sertão ou para a Bahia".

E diz ainda mais: "Estou plenamente de acordo, quando você me situa como representante da literatura

José Fernandes da Silva

A CONSTRUÇÃO ARTÍSTICA EM SAGARANA

Uma Análise Estrutural Semiótica em João Guimarães Rosa

regionalista; e aqui começa o que já havia dito anteriormente: é impossível separar minha biografia de minha obra. Veja, sou regionalista porque o pequeno mundo do sertão, este mundo original e cheio de contrastes é, para mim, o símbolo, diria mesmo, o modelo de meu universo. Assim, o Cordisburgo germânico, fundado por alemães, é o coração do meu império suevo-latino". E, noutra passagem, completa: "Levo o sertão dentro de mim e o mundo no qual vivo é também o sertão".

Mesmo assim, já houve quem pensasse, a exemplo de Gilvan P. Ribeiro, que a realidade em Guimarães Rosa, na construção de obras como *Grande Sertão: Veredas*, é um mero ponto de partida, para a imitação do cavaleirismo medieval e para a prática de seu virtuosismo linguístico.

E já houve outros, como Suzi Frankl Sperber, por exemplo, que chegou à conclusão inclusive de que, toda a produção artística de Guimarães Rosa, de *Sagarana a Tutaméia*, não fora praticamente outra coisa senão o processo de sua aprendizagem místico-religiosa, orientada a partir da leitura sistemática de obras de cunho espiritual, como o Esoterismo Paulista, a Bíblia e os Evangelhos, o Chãndogya Upanishad, Platão, Sertillanges, Romano Guardini, Christian Science, etc.

O que tais estudiosos, no entanto, esquecem de observar, é o fato de que as pesquisas realizadas por Guimarães Rosa, em relação às formas do comportamento humano manifestas por meio dos documentos bíblicos e filosóficos, ele as realiza do mesmo modo através das componentes da própria cultural, referente à sociedade interpretada pela obra. E realiza-as, ao contrário do que pensam muitos de seus críticos, com o objetivo não da aprendizagem ou auto-doutrinação místicoreligiosa, mas enquanto matériaprima da construção propriamente artística. Processo que poderia ser executado, nesta primeira fase, por qualquer antropólogo. E sem o risco, neste caso, de ser depois taxado de defensor das crenças ou ideologias aí existentes, ou de um indivíduo convertido num crente da espécie dos que já se conhece em tal contexto.

Se comparássemos o ponto de vista de um Lévi-Strauss em relação à conduta dos membros da tribo *bororó*, por exemplo, com o do próprio Guimarães Rosa em relação à conduta do povo brasileiro, no que diz respeito ao modo como cada um deles registra e interpreta as componentes sócio-antropológicas aí manifestas, concluiríamos facilmente que, na essência, eles não se diferem entre si, uma vez que as formas de abstração e generalização de seus raciocínios (num caso, através do processo científico, e noutro através do processo artístico) decorrem não de suas meras fantasias, como às vezes se pensa à primeira vista, mas das leis que determinam a estrutura do comportamento humano aí manifesto, bem como de seu relacionamento com a da simples coleta de um material, seja ele de que natureza for, estrutura do contexto ou ambiente em que se processa tal manifestação.

E se o próprio escrito, apesar de tudo isso, já nos vem declarando pessoalmente, como o tem feito Guimarães Rosa em diversas ocasiões, que ele é realmente um autêntico defensor desta ou daquela ideologia, desta ou daquela tendência metafísica, a obrigação do pesquisador, enquanto cientista da literatura, é ouvir em primeiro lugar não o que diz o produtor da obra, e sim o que nos revela a própria obra por ele produzida, enquanto modelo de interpretação da realidade nela manifesta. E, neste ponto, estaríamos agindo em conformidade com o ponto de vista do próprio Guimarães Rosa, que sempre se recusou a exprimir o seu pensamento por outra via que não fosse a da própria obra.

No que se refere aos equívocos ou distorções até aqui indicadas, os críticos brasileiros (no caso, uma minoria) realmente não estão sozinhos, conforme já o havíamos visto no início deste capítulo, em relação aos críticos europeus.

Neste último caso, já houve quem chegasse ao absurdo de imaginar, inclusive, que a realidade brasileira, na forma como ela se manifesta através de obras como *Grande Sertão: Veredas*, por exemplo, nem sequer existia antes desta obra, não passando portanto de uma mera invenção de seu produtor. Isso pelo menos é o que se deduz de um outro trecho da entrevista antes mencionada, ao crítico Günter W. Lorenz.

Em tal passagem, diz Lorenz, referindo-se à dita obra: "Atrevo-me a apostar que a maioria de seus leitores alemães, antes de ler seu livro, nem sequer sabiam que o sertão existe. Provavelmente ainda o consideram uma invenção sua". Ao que Guimarães Rosa, por sua vez, responde: "Também acho. Recentemente, durante a minha viagem na Alemanha, me convenci disso. Um crítico que me foi apresentado como homem famoso – prefiro não dizer seu nome – felicitou-me por eu haver *eine literarische Landschaft erfunden* ("inventado uma paisagem literária" tão 'magnífica', assim entre aspas. Coisas semelhantes", continua Guimarães Rosa, "me aconteceram na Itália, na França e até mesmo na Espanha". E acrescenta: "Mas é preciso aceitar essas coisas, não se pode evitá-las. Quando escrevo, não posso estar constantemente acrescentando notas de rodapé para assinalar que se trata de realidade".

Entretanto, em "Cara de Bronze", narrativa pertencente à coleção *Corpo de Baile*, o procedimento do qual ele lança mão, a fim de destacar o vínculo da obra com o contexto exterior, é justamente o da técnica acima indicada: paralelamente à construção do próprio enredo, enquanto processo que se vai desenrolando no corpo da narrativa, observa-se o desenrolar-se de um segundo processo, referente à atividade de *anotações* – ao pé de determinadas páginas – de uma matéria que, como se percebe logo de imediato, é da mesma natureza da que fora utilizada naquela construção. Como a querer demonstrar-nos que, primeiramente, houve o processo de uma pesquisa sobre um determinado contexto, donde colecionou-se um dado material; e, em seguida, o da transformação desse material no enredo propriamente dito, ou seja, num modelo ou instrumento de interpretação artística desta mesma realidade.

Tradição e Renovação

Na verdade, diz o crítico Wilson Martins, "Guimarães Rosa não rompe a tradição literária de seu país, nem poderia ser grande escritor se o fizesse: sua obra se define como a tentativa, não raro bem sucedida e, de qualquer forma, extremamente original, de superá-la e prolongá-la por sua inclusão num processo espiritual e intelectual de outra ordem".

Trata-se, pois, de uma certa superação, em relação porém não ao regionalismo enquanto tal, mas ao modo ainda tradicional, isto é, ainda um tanto primitivo, de tratamento da matéria que lhe serve de base, que são as componentes *socioculturais* do universo a qual denominamos *sertão*. Isto é, do Brasil rural ainda não integrado plenamente no conjunto de relações introduzidas pelo modo capitalista de produção.

Na opinião do romancista Adonias Filho, "Guimarães Rosa foi um revolucionário, e responsável por uma ordem ficcional, precisamente por que não quebrou os vínculos com as colocações culturais do complexo brasileiro". Além disso, agrega Wilson Martins, "parece inegável que essa obra não teria sido o que foi se o Modernismo não tivesse, algo atabalhoado, mostrado os caminhos possíveis".[17] Deste modo, argumenta Adonias Filho, o que houve de fato foi "um encontro com as raízes. E esse encontro explica porque Guimarães Rosa não superou as constantes literárias que caracterizam a ficção brasileira no trabalho mesmo da renovação. Toda a contribuição que vinha dessa fase de formação, e que abrange os três séculos de fermentação oral – do século xvi à primeira metade do século xix – ressurge como lastro em seu romance e em suas novelas".

Nesta perspectiva, diz o ensaísta e ficcionista baiano, ele (Guimarães Rosa) "penetra no regionalismo para, aceitando-o em suas tradições, subvertê-lo em suas consequências literárias. O revolucionário, com armas novas, faz a guerra da velha trincheiras". E, em decorrência disso, explica Adonias, "é brasileira a grande preocupação. Esse material vivo – a terra, a gente, a fala regional -, já responsável pelo regionalismo quando a oralidade gerava as bases da nossa ficção – através dos autos e dos contos populares, do cancioneiro e do abecedário – retorna, sem perder a pureza, na efervescência mesma da renovação. O ficcionista, tomando-o para renová-lo, e apesar da singularidade imensa que encontraremos em seu conto, em sua novela ou em seu romance, continua o ciclo – e ciclo poderoso – da afirmação brasileira para a nossa ficção".

E foi assim que, em 1937, segundo Renard Perez, "a saudade da terra levou Guimarães Rosa a escrever os contos de Sagarana, onde, com estilo vigoroso, apresenta a paisagem mineira em toda a sua beleza selvagem; a vida das fazendas, dos vaqueiros e dos criadores de gado, - estórias de gente simples vividas ou imaginadas – o mundo em que passou a infância e a mocidade. Transpunha também, para o livro, a linguagem rica e pitoresca daquela gente, registrando regionalismos, muitos deles ainda não utilizados em literatura".

Dentre os motivos mais importantes, na produção artística de Guimarães Rosa, um deles refere-se de fato à *saudade da terra* – "mundo em que passou a infância e a mocidade". Através dele, constrói-se um modelo de natureza essencialmente *lírica* (ou lírico-expressionista), presente sobretudo em "Minha Gente" e "São Marcos" (*Sagarana*). Modelo destinado a uma interpretação da realidade sertaneja desde os seus reflexos na consciência do sujeito vindo de fora, do contexto urbano para o contexto rural, como numa espécie regresso em busca dos tempos perdidos.

O segundo motivo, igualmente importante na mencionada produção, refere-se ao procedimento da *viagem*, relativo ao deslocamento de um dado herói ou grupo de personagens sobre um certo contexto. Por meio dele, constrói-se um modelo de natureza essencialmente *épica*, configurado principalmente em "O Burrinho Pedrês" e "Duelo" (*Sagarana*). Modelo destinado a uma interpretação da realidade sertaneja tomando-a em sua própria objetividade, ou enquanto reflexo na consciência da comunidade aí existente, ao modo das narrativas de Homero e das sagas islandesas, por exemplo.

O terceiro *motivo*, finalmente, presente na maioria dos enredos da coleção *Sagarana*, refere-se por sua vez à presença de um determinado *conflito*, manifesto na oposição entre a conduta de um determinado herói ou grupo de personagens e as normas do comportamento humano no seio da sociedade visto em sua globalidade. Através dele, constrói-se um modelo da natureza essencialmente dramática, atualizado sobretudo em "A volta do Marido Pródigo", "Sarapalha", "Conversa de Bois" e "A Hora e a Vez de Augusto Matraga". Modelo destinado a uma interpretação da realidade sertaneja a partir das contradições no seio da própria sociedade

2. DISCURSO, ACONTECIMENTO E SENTIDO

O discurso, diz o filósofo Paul Ricoeur, "é tanto um curso de ideias, arranjadas de uma certa maneira, a partir de um início, através de um meio e rumo a um fim, como também um curso de expressões, constituídas pelas unidades discursivas mínimas". Segundo ele, "todo discurso atualiza-se como acontecimento, assim como todo discurso compreende-se como sentido" (grifo nosso). E explica ainda que "não é propriamente o acontecimento, enquanto fenômeno transitório, que desejamos realmente entender, mas o seu sentido, enquanto fato duradouro".

O mecanismo por via oral do qual o discurso no narrador, enquanto sujeito do processo narrativo global, atualiza-se na construção de uma determinada obra, enquanto objeto esteticamente concebido, é de fato o da representação de um dado acontecimento, na forma como ele é desenvolvido no interior de uma certa trama. Sistema por meio do qual se expressa o conteúdo de uma mensagem sobre a interpretação da realidade.

Assim, à tese formulada por Ricoeur, segundo a qual todo discurso atualiza-se como acontecimento e compreende-se como sentido, podemos acrescentar ainda uma tese suplementar, afirmando que o sentido assim determinado, enquanto mensagem sobre a interposição da realidade, decorre não do discurso propriamente dito (a falta do narrador), tomado enquanto sistema em si mesmo, mas dos acontecimentos por ele representados, bem como do contexto ou ambiente em que se processa tal representação. [4] Não se esquecendo, todavia, de que estamos falando aqui não de qualquer tipo de acontecimento, mas do acontecimento representado por meio de um determinado discurso; fato que altera radicalmente a noção disso que entendemos por *sentido* de um acontecimento; e fato que esclarece ao mesmo tempo a possibilidade de um acontecimento representado por meio de dado discurso, numa representação propriamente literária, poder ser depois traduzido não somente para os mais diferentes tipos de idioma, como também para as mais distintas formas de representação, como a teatral, a cinematográfica, etc., que não se utilizam do sistema propriamente discursivo, mas gestual, imagístico, sonoro, etc.

3. AS FUNÇÕES DO DISCURSO NARRATIVO

Essa distinção, que se nos afigura como de fundamental importância, no que diz respeito ao papel desempenhado por um certo narrador, enquanto sujeito do processo narrativo global, nos conduz a duas funções básicas de seu discurso, em relação tanto à esfera de sua própria psicologia quanto à do contexto sociocultural por ele representado, manifesto por meio dos fenômenos e acontecimentos descritos no decorrer da obra.

Quanto à primeira, podemos denominá-la de função simbólica ou imediata e, à segunda, de função significativa ou mediata. [5]

Função Simbólica ou Imediata

Em conformidade com esta primeira função, o narrador narra ou descreve um dado acontecimento, na perspectiva como ele geralmente se manifesta através das distintas esferas do contexto sociocultural a que a obra se refere; e, por meio dele, constrói um determinado *enredo*, isto é, um modelo de natureza semiótica ou ficcional, destinado ao registro e à interpretação daquilo que se esconde por detrás da aparência imediata dos fatos; ou seja, daquilo que constitui a essência mais profunda do mencionado contexto, bem como da conduta do sujeito a partir de cujo ponto de vista processa-se tal interpretação.

Um exemplo concreto, na ilustração de nosso raciocínio, é o do conjunto de acontecimentos que constitui a estrutura do enredo em "A Hora e a Vez de Augusto Matraga". Modelo destinado a uma interpretação da estrutura do comportamento humano no seio da sociedade sertaneja, tomando-a a partir da relação entre as normas configuradas em esferas como a da família tradicional, a da propriedade latifundiária e a da religião oficial (o catolicismo da época). Um enredo que traz como tema fundamental, segundo nossa interpretação, o "conflito entre o Bem e o Mal", isto é, entre a atitude conservadora do sistema sociocultural como um todo, dominado pela ideologia das classes senhoriais, e a atitude violadora da conduta individual ou grupal, manifesta no caso através das ações do herói Nhô Augusto Matraga e de seus aliados, a exemplo do cangaceiro Joãozinho BemBem e do grupo de marginais. Processo no qual deduzimos o referido tema, enquanto síntese da mensagem sobre a interpretação artística da realidade, não do que nos diz diretamente o discurso do narrador, mas do que nos informam os fenômenos e acontecimentos por ele representados, enquanto estrutura esteticamente organizada.

Trata-se, neste caso, de algo mais ou menos idêntico ao que se passa frente ao espectador numa representação teatral ou cinematográfica, ou mesmo num episódio da vida real. Mas com a diferença básica de que o leitor não "vê" tal acontecimento, na forma como o faz o espectador e o observador comum; embora ele o "veja" de um modo especial, graças ao processo imaginativo e à convencionalidade da linguagem. Processo do qual a arte, como o diria Lotman, sabe extrair melhores resultados que os outros sistemas não artísticos.

Referimo-nos aqui, antes de tudo, ao processo em que os signos de natureza puramente convencional e inadequados às construções propriamente *artísticas*, como são os da linguagem no sentido puramente discursivo do termo, unemse aos signos de natureza figurativa ou icônica, a exemplo das imagens configurativas da realidade interpretada pela obra, a fim de alcançar uma certa efetividade enquanto matéria de uma construção especificamente artística, como no caso anteriormente citado.

Entende-se por signos convencionais, segundo Lotman (interpretando por sua vez o pensamento de

Saussure), "os signos em que a relação entre a expressão e o conteúdo não é motivada intrinsecamente"; e, por signos figurativos ou icônicos, entende-se aqueles em que, entre estes dois planos – o da expressão e o do conteúdo – pressupõe-se uma certa motivação. A palavra, diz Lotman, "é o exemplo mais típico do signo convencional", ao passo que o desenho "é o exemplo mais corrente do signo figurativo" ou icônico.

No que se refere ao objeto deste ensaio, conforme já o indicamos acima, podemos considerar como signos convencionais, numa perspectiva bastante ampla, os decorrentes da estrutura ou idioma no qual a obra foi escrita; e, como signos figurativos ou icônicos, os referentes ao sistema da cultura nela representada, manifesta por meio dos fenômenos e acontecimentos artisticamente interpretados. Elementos cuja manifestação no interior de uma construção propriamente literária, faz com que a sua forma de representação, embora de caráter essencialmente imaginativo, se aproxima de outras formas de representação como a pictórica, a escultural, a musical, a teatral, a cinematográfica, etc.

Em síntese, entendemos por função simbólica ou imediata do discurso do narrador, considerado em seu papel enquanto sujeito do processo narrativo global, a função em decorrência da qual se produz o seu sentido imediato, a partir da relação entre a cadeia gráfico-fônica de sua própria fala e as imagens configurativas da realidade, referente tanto à esfera do contexto sociocultural a que a obra se relaciona mais diretamente quanto à da psicologia do sujeito a partir de cujo ponto de vista processa-se a mencionada interpretação. ***Função Significativa ou Mediata.***

Em conformidade com esta segunda função, o narrador narra ou descreve um dado acontecimento, na perspectiva em que o havíamos indicado anteriormente; e, por meio dele, na forma em que ele se acha desenvolvido e organizado no seio de um determinado enredo, expressa uma certa ideia ou conceito fundamental, correspondente tanto ao tema básico da obra quanto ao conteúdo de uma mensagem sobre a interpretação artística da realidade. Uma ideia que, do ponto de vista do referido acontecimento, constitui o seu sentido imediato, uma vez que é produzido a partir dele, e não do discurso propriamente dito (a fala do narrador).

Um exemplo concreto, neste caso, é o do primeiro episódio da narrativa "A Hora e a Vez de Augusto Matraga". O narrador, aqui, servindo-se do instrumento para isso apropriado, que é o seu próprio discurso, narra ou descreve o conjunto de acontecimentos referentes às três *faltas*, cometidas por Nhô Augusto (em companhia dos marginais aí presentes), em relação à prostituta Sariema, o capiau seu enamorado e ao leiloeiro (função imediata); e, por meio deles, na forma como eles se encontram distribuídos e organizados no interior do episódio, expressa uma determinada *ideia*, equivalente ao conceito *pecado*. Uma ideia, bem entendido: decorrente não do discurso do narrador enquanto tal, já que ele não a pronuncia em nenhum momento, mas dos acontecimentos por ele representados, enquanto forma de manifestação do conflito entre a conduta do herói Nhô Augusto, na qualidade de chefe de família, proprietário de terras e indivíduo iniciado nos princípios da religião oficial, e as normas do comportamento humano no seio da sociedade em que vive. Normas configuradas tanto no ambiente em que as ações se desenrolam – o adro da igreja – quanto na conduta de outros personagens, como é o caso do leiloeiro e do capiau, enquanto defensores, respectivamente, da instituição que estava sendo transgredida ou profanada e da mulher que estava sendo moralmente ofendida e humanamente maltratada.

Entretanto, já que tais acontecimentos são percebidos não diretamente, como na representação teatral ou cinematográfica, ou como num episódio da vida real, mas indiretamente, por meio do discurso do narrador, deduz-se que, entre este discurso e aquela ideia (a do conceito "pecado"), interpõe-se uma outra ideia, menos abstrata que a anterior, referente às *imagens* configurativas dos acontecimentos relativos às três "faltas" anteriormente mencionadas, assim como do ambiente ou contexto em que eles se manifestaram. Esta última ideia, isto sim, é produzida a partir do discurso do narrador; a outra, ao contrário, produz-se a partir dos acontecimentos por ele representados, já que o conceito "pecado" (da mesma forma que o do "conflito entre o Bem e o Mal", conforme o vimos no item anterior) não é mencionado por tal discurso em nenhum momento.

Em suma, entendemos por função significativa ou mediata do discurso do narrador, enquanto sujeito do processo narrativo global, a função por meio da qual se produz o seu sentido mediato, a partir da relação entre as imagens configurativas da realidade por ele representada, bem como do contexto ou ambiente em que se processa tal representação, e o conjunto das ideias ou conceitos por eles manifestos.

Da correlação entre estes dois sentidos, um produzido pelos signos do idioma no qual a obra foi escrita e outro produzido pelos signos da cultura nela representada, deduz-se a constituição de um terceiro sentido, que é o da construção da obra enquanto sistema artístico e enquanto modelo semiótico global. Processo referente à composição do enredo visto, simultaneamente: (a) como objeto esteticamente concebido; (b) como estrutura semanticamente organizada; e (c) como modelo de registro e interpretação da realidade, conforme já o havíamos dito na introdução.

4. OS NÍVEIS DA COMPOSIÇÃO

Em lugar de um sistema simples, da natureza biplanear (no que se refere à unidade entre os planos da expressão e do conteúdo), como nos textos não artísticos, o que temos de fato, em se tratando de um texto artisticamente elaborado, é a presença de um sistema essencialmente complexo, de natureza multiplanear (Lotman), [9] onde uma de suas componentes fundamentais, que são as imagens configurativas da realidade por ele representada, funciona numa dupla perspectiva: na de sentido imediato do discurso do narrador (função simbólica), considerado em seu papel enquanto sujeito do processo narrativo global, e na de forma de expressão de um outro sentido, que é justamente o das ideias ou conceitos manifestos por meio dos próprios acontecimentos, na forma como eles são descritos por tal discurso.

Um sistema, por conseguinte, constituído a partir da correlação entre as componentes de dois *níveis* básicos, no que diz respeito à composição do enredo enquanto modelo artístico-semiótico global: o *nível da trama*, correspondente à unidade entre a cadeia gráfico-fônica da fala do narrador e as imagens configurativas da realidade por ele representada; e o *nível do tema* ou *mensagem*, correspondente à unidade entre as imagens configurativas da realidade e o conjunto das ideias ou conceitos por ela manifestos.

Existe, pois, num primeiro nível de relações artístico-semióticas, correspondente à distribuição e organização dos fenômenos e acontecimentos no interior da trama, um primeiro subsistema, no que diz respeito à composição do enredo como sistema único de linguagem (a linguagem da construção artística da obra), cujo plano da expressão (significante') é a cadeia gráfico-fônica da fala do narrador, enquanto sujeito do processo narrativo global, e cujo plano do conteúdo (significado') são as imagens configurativas da realidade por ele representada (sentido imediato).

E existe, num segundo nível de relações, referentes à distribuição e organização dos diferentes motivos no interior do tema, um segundo subsistema, cujo plano da expressão (significante") são as mesmas imagens configurativas, tomadas porém numa outra direção (sentido inverso), e cujo plano do conteúdo (significado") é o conjunto das ideias ou conceitos manifestos por meios dos fenômenos e acontecimentos representados pelo discurso do narrador, bem como do contexto ou ambiente em que se processa tal representação (sentido mediato).

Em conclusão, entende-se por *sentido da obra*, neste caso, não o sentido decorrente das imagens configurativas da realidade descrita pelo discurso do narrador, nem tão pouco o sentido proveniente do conjunto de ideias ou conceitos manifestos por meio dos fenômenos e acontecimentos internamente representados, na perspectiva como acabamos de demonstrá-lo; mas o sentido resultante da correlação entre as imagens configurativas da realidade, na forma como ela é descrita pelo discurso do narrador, e as ideias ou conceitos manifestos por meio dos fenômenos e acontecimentos internamente representados, assim como do contexto ou ambiente em que se processa esta representação.

Sentido no qual a obra literária, enquanto produto esteticamente concebido, desponta-se, ao mesmo tempo: (a) como *forma de objetivação* daquilo que se passa na consciência do narrador, enquanto configuração das experiências do próprio artista, e (b) como *modelo de registro e interpretação* daquilo se passa no próprio contexto sociocultural a que o enredo mais diretamente se refere, enquanto configuração das experiências dos membros da sociedade artisticamente interpretada.

Dependendo da perspectiva concreta em que se processa a correlação entre estes dois tipos de experiências – a do narrador e a da coletividade por ele representada – têm-se finalmente os mais diferentes tipos de enredo, como o tentaremos demonstrar no próximo capítulo, onde estudaremos a composição do enredo artístico tomando-o desde um ponto de vista genérico, enquanto matriz a partir da qual descobrimos as componentes de sua própria estrutura.

5. A ESTRUTURA DO ENREDO

Denomina-se *enredo*, segundo definições como as de Tomachevski, Forster, Muir e outros pesquisadores, o organismo equivalente ao nível máximo de distribuição e organização dos elementos que compõem o sistema ficcional da obra, enquanto objeto esteticamente concebido. Um sistema constituído, por sua vez, através de combinatória entre as unidades de vários outros subsistemas, conforme o veremos nos itens 3.2 e 3.3 deste mesmo capítulo, por meio de um enredo específico, que é o da narrativa "A Hora e a Vez de Augusto Matraga", considerada como o exemplo mais adequado a tal objetivo.

Trata-se, pois, de um organismo cujo sistema de distribuição e organização de suas unidades, que são motivos, as cenas, dos episódios, a fábula, a intriga, etc., é um produto da interação entre as componentes de três níveis fundamentais, em conformidade com o que vimos no capítulo anterior: (1) o do *discurso narrativo*, enquanto instrumento por meio do qual se registra e interpreta os dados do contexto anterior, como matéria-prima da construção propriamente artística; (2) o do *mecanismo da trama*, referente ao modo como esta matéria é de fato distribuída e organizada no interior de um enredo concreto; e (3) o do *conteúdo temático*, correspondente à hierarquização dos diferentes motivos ou significados que constituem a estrutura semântica da obra, vista em sua globalidade.

Neste sentido, entendemos por *discurso*, antes de mais nada, a fala do narrador que, como o dissemos anteriormente, funciona como sujeito do processo narrativo global, e a fala dos personagens que, como os demais fenômenos e acontecimentos internamente representados, funciona como o seu objeto;[3] razão pela qual um deles – o da fala dos personagens – pode ser deixado provisoriamente de lado, a fim de estudarmos primeiramente apenas a relação entre o discurso do narrador e a realidade por ele descrita ou narrada; realidade na qual se acha incluída, evidentemente, também os traços referentes à conduta propriamente linguística, configurada naquela segunda forma de discurso. Tarefa que será executada desde uma perspectiva concreta, que é a da composição genérica.

4. OS NÍVEIS DO DISCURSO NARRATIVO

Partimos da tese (já definida por Marx) de que toda produção – seja ela de que natureza for – é, ao mesmo tempo, produção e reprodução: o produtor, isto é, o escrito (no caso), ao escrever uma determinada obra, como um romance, um conto ou um poema, o faz não somente *produzindo* um objeto realmente novo, ainda não existente no mercado consumidor, mas também *reproduzindo* as propriedades ou caracteres de outros objetos já existentes, manifestos na categoria seja de uma matéria a ser utilizada nesta produção, seja na de determinados modelos a serem imitados pelo produtor.

Num caso, ele produz segundo as regras do *estilo*, configurando em tal objeto as marcas de sua personalidade como artista; noutro, ele produz segundo as normas do *gênero*, configurando neste mesmo objeto os traços referentes à constituição das obras produzidas por outros escritores, dentro do contexto ao qual ela se liga de forma mais imediata, conforme o vimos na primeira parte deste ensaio, através da relação entre o modelo instituído pela obra de Guimarães Rosa e o já conhecido por meio de outras produção como a de José de Alencar, Valdomiro Silveira, Graciliano Ramos e outros. Produções já convertidas, por sua vez, em formas de configuração dos gostos ou preferências de dados consumidores, que serão os seus leitores em potencial.

Nesta perspectiva, dependendo sobretudo do modo específico como se processa a relação entre o discurso do narrador e a realidade por ele interpretada, resulta a composição dos mais diferentes modelos genéricos, dentre os quais podemos destacar, como matriz fundamental da construção artística em *Sagarana*, o épico, o lírico e o dramático.

"A obra épica", diz o crítico Wendel Santos, "traz o mundo até o leitor; mundo que não se concebe afetar nem pelas tensões nem pelas expansões do artista. Opostamente, a obra lírica permite ao artista se confessar; confissão que é uma entrega ao leitor de suas disposições internas, ou estados de alma. Enfim, sinteticamente, a obra dramática lança o mundo contra a alma, ou a alma contra o mundo; conflito capaz de oferecer a expectativa que o leitor busca no gênero".

No que se refere às narrativas da coleção *Sagarana*, que é o objeto fundamental de nosso estudo, entendemos por *gênero*, antes de mais nada, a matriz a partir da qual se constrói os seus nove enredos enquanto sistema narrativo global; e, por *estilo*, entendemos as formas por meio das quais o princípio que rege este sistema em sua totalidade – que é o da dialética entre objetividade e subjetividade, manifesta através da concentração do ponto de vista, ora no pólo da objetividade, ora no da subjetividade e ora no conflito entre objetividade e subjetividade – atualiza-se por meio de estruturas concretamente determinadas, que são justamente as dos nove enredos que compõem a mencionada coleção.

Neste sentido, podemos distinguir, no que se refere à relação entre o discurso do narrador e a realidade por ele representada, quatro modelos estilísticos fundamentais, enquanto formas de atualização das leis do sistema em que eles se inserem.

O primeiro modelo é o da composição *épica*, atualizado sobretudo em "O Burrinho Pedrês" e "Duelo". O narrador, neste caso, situa-se do lado de fora do sistema ficcional da obra, na categoria de narrador-autor, e, a partir desta posição, narra ou descreve os fenômenos e acontecimentos que entram na constituição da obra, assim como os caracteres do contexto ou ambiente em que eles se manifestam, sem deixar, todavia, que os fatores de ordem propriamente subjetiva, referentes à sua presença naquele contexto, interfiram-se nos resultados deste processo. O seu ponto de vista, em tal caso, como que desaparece perante a realidade, a fim de trazer ao primeiro plano o ponto de vista da própria comunidade aí existente, enquanto conduta objetivamente representada.

O segundo modelo é o da composição *lírica*, reproduzido principalmente em "São Marcos" e "Minha Gente". Neste segundo modelo, o narrador coloca-se do lado de dentro, na qualidade de narrador-protagonista, e, a partir daí, narra ou descreve não somente os fatos exteriores, correspondentes aos fenômenos e acontecimentos concretamente observados, mas também os referentes à sua própria conduta naquele contexto. Aqui, ao contrário do caso anterior, ele não apenas se coloca do lado de dentro, no papel de herói da narrativa, mas também o faz de forma a mais consequente, transferindo o ponto de vista da comunidade para um segundo plano e trazendo ao primeiro plano o seu próprio ponto de vista, enquanto sujeito vindo de fora, do contexto urbano para o contexto rural.

O terceiro modelo refere-se à composição *dramática*, atualizado em "A Volta do Marido Pródigo", "Sarapalha", "Conversa de Bois" e "A Hora e a Vez de Augusto Matraga". Neste caso, como no primeiro, o narrador posiciona-se do lado de fora, na categoria de narrador-autor. O faz, porém, a fim de trazer ao primeiro plano não o ponto de vista da comunidade como um todo (modelo épico), nem tão pouco o seu próprio ponto de vista enquanto sujeito vindo de outro contexto (modelo lírico), mas de um determinado conflito, manifesto a partir da oposição entre dois diferentes pontos de vista: o do comportamento coletivo, enquanto forma de configuração das normas da conduta vista em sua globalidade, e o do comportamento individual ou grupal, enquanto forma de configuração de um determinado desvio ou transgressão das referidas normas, numa tentativa de subverter as regras do sistema tradicionalmente consagrado.

O quarto modelo, finalmente, é o de uma composição *mista*, representado num único enredo, que é o da narrativa "Corpo Fechado". O narrador, aqui, coloca-se: ora do lado de fora, como no modelo épico-dramático, ora do lado de dentro, como no modelo lírico, e ora justamente na fronteira entre os dois sistemas (o ficcional e o extra-ficcional); e de modo que, ao colocar-se na fronteira, porém do lado de fora, deixa que os reflexos tanto de seu discurso enquanto intelectual (isto é, enquanto *Doutor*), quanto de sua personalidade enquanto sujeito vindo de um outro universo (o do mundo citadino), manifeste-se do lado de dentro, através do discurso e da personalidade do herói propriamente dito, enquanto representante da comunidade local, isto é, do mundo camponês.

Trata-se, neste último caso, do esquema que daria origem, mais tarde, à composição de obras famosas como o romance épico-lírico-dramático *Grande Sertão: Veredas* e o conto *Meu tio o Iauaretê*.[6] Obras por meio das quais Guimarães Rosa atinge finalmente um dos pontos mais culminantes de suas tendências experimentalistas. Processo que vêm desde as narrativas da coleção *Sagarana*, que funcionaram como uma espécie de laboratório da referida experimentação, na busca de um modelo realmente autêntico, no que se refere à
interpretação da realidade brasileira desde o ponto de vista da arte.

Gênero e Discurso

Já o termo *obra*, diz Paul Ricoeur, "revela que o sentido desta nova categoria compreende produção e trabalho. Dar forma a uma determinada matéria, submeter a produção ao gênero e construir um estilo individual", explica Ricoeur, "são diferentes maneiras de dar forma à linguagem material. São distintos modos pelos quais o discurso torna-se objeto para a praxis e a técnica". Isto, sem nos esquecermos, entretanto, de que, numa obra propriamente literária, conforme o vimos anteriormente, trabalha-se não com um único tipo de linguagem, mas com dois tipos fundamentais de linguagem, que são o do idioma no qual a obra foi escrita e o da cultura nela representada (incluindose neste caso tanto o sistema das relações sócioantropológicas quanto os dos modelos literários).

Roman Jakobson, como que recapitulando o raciocínio de Hegel, a partir porém de um ponto de vista essencialmente moderno, que é o da correlação entre a teoria dos gêneros e as funções da linguagem, já havia se referido a este assunto, sugerindo-nos, inclusive, a perspectiva de sua abordagem. "A poesia épica, que aponta para a terceira pessoa do discurso, é fortemente marcada pela função referencial da linguagem; a poesia lírica, que se orienta para a primeira pessoa, é intimamente associada à função emotiva; e a poesia da segunda pessoa é penetrada da função conativa e é tanto suplicante quanto exortativa, dependente de que a primeira pessoa subordine-se à segunda e vice-versa".

Na concepção de Hegel, como se sabe, a fonte da qual a narrativa épica extrai o seu conteúdo poético fundamental, é a do contexto exterior, reproduzido no interior de um determinado enredo graças ao papel desempenhado por um certo discurso, que é o da fala do narrador, enquanto sujeito do processo narrativo global (função referencial); já a narrativa lírica, por sua vez, retira tal conteúdo justamente da fonte referencial ao pólo oposto desta relação, que é a da consciência do sujeito a partir de cujo ponto de vista a realidade é internamente representada, enquanto reflexo da objetividade na esfera da subjetividade (função emotiva);

enquanto que a narrativa dramática, por outro lado, vai buscar o mencionado conteúdo numa fonte que é justamente a da esfera intermediária, em relação aos dois pólos acima indicados: a do conflito entre o pólo das *normas* do comportamento humano visto em sua globalidade, conforme o vimos no item anterior, e o pólo da conduta manifesta individualmente, enquanto forma de *transgressão* das referidas normas (função conativa).

Jakobson, no dito ensaio, não menciona diretamente o gênero dramático: menciona simplesmente uma poesia de segunda pessoa que, em sua opinião, "é penetrada da função conativa e é tanto *suplicante* quanto *exortativa*" (grifo nosso). A função conativa, como ele mesmo a define, é uma função orientada no sentido, antes de tudo, do receptor da mensagem, e expressa-se segundo ele, através principalmente das formas vocativas e imperativa.

Ora, tanto o verbo *suplicar* quanto o verbo *exortar*, como se sabe, exprime um duplo aspecto, no que diz respeito à conduta do sujeito frente à realidade à qual ele se dirige: a postura subjetiva de quem suplica ou exorta (função emotiva) e o vínculo – de dependência ou determinação – desta mesma conduta, em relação à esfera de uma determinada norma ou consciência (função referencial) que, embora situada fora dele mesmo, no entanto determina, de certa forma, a natureza específica deste seu comportamento (função conativa). Uma característica própria, como se vê, sobretudo ao modelo dramático.

Este raciocínio será aprofundado um pouco mais a partir do próximo item, tendo em vista agora um único enredo, que é o da narrativa "A Hora e a Vez de Augusto Matraga", considerada como o modelo mais representativo da construção dramática em *Sagarana*. Tarefa que será realizada, neste caso, desde um outro ângulo de análise, que é o do mecanismo da trama, que é a forma por meio da qual os fenômenos e acontecimentos representados pelo discurso do narrador, convertem-se num enredo propriamente artístico, enquanto forma de objetivação daquilo que se passa na consciência do próprio artista e enquanto modelo de interpretação daquilo que se passa no próprio contexto.

7. O NÍVEL DA TRAMA

Chama-se *trama*, segundo nosso esquema de análise, o mecanismo referente ao *modo* como se processa a distribuição e organização dos elementos que compõem a estrutura do enredo enquanto sistema artístico global. Elementos correspondentes a micro-unidades como os motivos, as cenas, os episódios, a fábula, a intriga, etc. Trata-se de um conjunto de unidades cujo processo fundamental de sua distribuição e organização no interior da obra, conforme o veremos lago a seguir, é o de uma certa hierarquia que vai desde um acontecimentos de ordem elementar, a que denominamos motivo, até ao conjunto global de todos os acontecimentos que compõem a estrutura do enredo visto como um to

No interior desta hierarquia, distinguimos como *cena* a unidade mínima da representação, referente á manifestação de um acontecimento de sentido elementar; e, como *episódio*, distinguimos a unidade imediatamente mais complexa, equivalente á manifestação de dois ou mais acontecimentos particulares, antes de atingir os limites do enredo em sua totalidade. Por fábula, entendemos o eixo em torno do qual se articulam, no interior de uma mesma totalidade, que é a do mecanismo da trama, as diversas unidades que lhe servem de base. Esquema graças ao qual a matéria internamente representada, configurada nas distintas unidades acima mencionadas, converte-se finalmente numa estrutura, ao mesmo tempo, orgânica e unitária.

Nestas circunstâncias, se a perspectiva em que se processa tal unidade e organicidade for a da presença de um determinado conflito, manifesto na oposição entre a conduta individualmente concebida e as normas do comportamento no seio da sociedade, como ocorre em quase todas as narrativas da coleção *Sagarana*, o que temos então é a existência de uma fábula na forma de uma *intriga*.

um esquema composicional, como nos diz Tomachevski, próprio sobretudo às construções dramáticas.

Este, todavia, não é o único esquema utilizado por Guimarães Rosa (mesmo nas construções dramáticas) enquanto base da composição de seus enredos: um outra esquema, talvez mais importante que o primeiro, uma vez que O se faz presente em quase toda a sua produção, refere-se ao procedimento da *viagem*, conforme já o destacaram vários pesquisadores. Através do procedimento da viagem, diz o critico Benedito Nunes, "que está presente em quase toda a sua abra, de *Sagarana* a *Primeiras Estórias*, Guimarães Rosa se liga ás grandes expressões do romance de espaço' – ao D. Quixote de Cervantes e ao Ulisses de Joyce -, para só falarmos das extremos dessa espécie, em que a narração dos acontecimentos e peripécias se apresenta como a primeira camada da criação romanesca, intermediária da descoberta do mundo natural e humano".

No que diz respeito á nossa perspectiva de análise, importa ressaltar, antes de tudo, o seguinte - concernente ao esquema anteriormente indicado: do mesmo modo que a intriga, enquanto eixo fundamental da construção de um determinando enredo, ê um processo que inclui, necessariamente: um *início*, um *desenvolvimento* e um *desfecho* ou, como no pensamento dialético: uma *tese*, uma *antítese* e uma *síntese* o mesmo sucede com o procedimento da viagem que, por sua vez, é um processo que inclui, obrigatoriamente, uma *partida*, um *deslocamento* e uma *chegada*.

Isto sem nos esquecermos, entretanto, de que "o real', isto é, o ponto fundamental do processo, - como nos diz o próprio Guimarães Rosa — "não está na saída nem na chegada", ao contrário do que pensam erroneamente muitos de seus leitores: "ele se dispõe para a gente é no meio da *travessia*" (grifo nosso); dizer, no seio da própria realidade em que se processa tal deslocamento.

Processo que nos faz lembrar aquele ditado sertanejo, do qual Guimarães Rosa se utiliza em muitas passagens de sua obra, sobretudo em Grande Sertão: Veredas, através do termo "travessia': *no mato, a gente só entra até ao meio, porque do meio para a frente a gente está é saindo;* ou daquele inventado pelo próprio Guimarães Rosa, segundo o qual, no *meio*, isto e, *no atravessar*, ou na "travessia", é que está de fato a *vida*, vale dizer, o conhecimento da realidade, ou do enredo que a interpreta artisticamente; no *fim*, quer dizer, no encerrar-se da viagem ou no desfechar-se do enredo, está a *morte*, isto é, o cessar-se de tal conhecimento, enquanto processo em vias de realização.

E daí a explicação para o fato de que, tendo sido utilizado, de forma sistemática, em todas as narrativas da coleção *Sagarana*, ora juntos ora separadamente; já nas obras posteriores (sobretudo no conjunto *Corpo de Baile*), um deles – o da intriga - ter sido posto quase que definitivamente de lado, a fim de conservar, como fator de unidade e organicidade da matéria internamente representada, apenas o segundo — o da viagem.

E daí se conclui que a categoria *espaço*, assim como muitas outras, referentes ao material que entra na constituição dos diferentes enredos, desempenha um papel de fundamental importância, tanto em *Sagarana* como nas outras obras. No que se refere ao enredo que passaremos a analisar a partir deste momento, que é o da narrativa "A Hora e a Vez de Augusto Matraga" , tal importância diz respeito ainda ao fato de que, ao lado daquela função de caráter geral, enquanto fator de unidade e organicidade da matéria internamente representada, podemos destacar ainda três outras funções igualmente fundamentais, de correntes da anterior. As funções correspondentes ao papel desempenhado pela referida categoria, ao mesmo tempo:

(a) como *cenário_* onde se desenrolam os diversos fenômenos e acontecimentos que entram na constituição da trama;

(b) como *ambiente* em que se definem os caracteres dos distintos personagens;

(c) como *expressão simbólica*, referente ao sentido da conduta do herói Nhô Augusto, em sua viagem de peregrinação em busca do próprio destino.

O Eixo da Intriga: o procedimento da viagem

Trata-se de uma *viagem*, no caso, cujo ponto de partida é o momento das ações pecadoras do herói Nhô Augusto, no ambiente festivo do adro da igreja,, em companhia do grupo de marginais ai presentes (primeiro episódio); e cujo ponto de chegada ê o instante de sua morte na luta com o cangaceiro Joãozinho Bem-Bem, no centro da povoado do Rala-Coco (quinto episódio); passando-se por etapas intermediárias, como: a de suas derrotas na luta com o latifundiário Major Consilva (segundo episódio); a de sua purgação, física, moral e espiritual, lã na cabana dos pretos, em consequência das referidas derrotas (terceiro episódio); e a de suas tentativas de recuperação, física, moral e espiritual, lá no sítio do Tombador, em cumprimento de uma tarefa indicada pelo sacerdote (quarto episódio).

Uma viagem, como se vê, não do tipo das que se presencia em "O Burrinho Pedrês" e "Minha Gente": o deslocamento de uma boiada, conduzida por um grupo de vaqueiros de uma fazenda ao local de seu embarque para o exterior, e o deslocamento do protagonista-narrador, acompanhado pelo inspetor Santana e guiados pelo capiau José Malvino; mas de uma viagem enquanto forma de expressão de um determinado conflito, no que se refere à relação entre as normas do comportamento humano no seio da sociedade e a atitude transgressora da conduta de determinados indivíduos, como se observa em "Duelo" e "São Marcos": a transgressão em relação às normas do comportamento humano no ambiente sóciofamiliar, no primeiro caso, e as normas do comportamento humano no ambiente das superstições e da feitiçaria, no segundo caso.

No caso de "A Hora e a Vez de Augusto Matraga", trata-se de um conflito decorrente do fato de que, sendo o herói Nhô Augusto um proprietário de terras, um chefe de família e um indivíduo iniciado nos princípios de uma dada religião, que é a do catolicismo oficial da época, tão tradicional e conservadora, dor como as instituições às quais ela se achava diretamente vinculado, a perspectiva fundamental de seu comportamento, no entanto, conforme o identificamos no desenrolar da intriga, não é nem bem a de um defensor das normas do sistema ao qual ele se achava intimamente ligado, a exemplo de outros como o fazendeiro Major Consilva, o rival Ovídio e o sacerdote, nem bem a de um violador consequente, como no caso do cangaceiro Joãozinho Bem-Bem e do grupo de marginais; mas a de uma certa oscilação entre o pólo das normas e o pólo da violação. Processo do qual resulta, no final do enredo, sua própria morte, como último castigo, mandado pelas forças lá de cima, em solidariedade com as forças cá de baixo, como numa espécie de aliança entre a ideologia do catolicismo contrarreformista e a do latifúndio reacionário, que ê uma das características fundamentais do Brasil rural da época.

A este modo particular de distribuição e organização das unidades que constituem o mecanismo global da trama, que é o da existência da fábula (ou estória) na forma de um conflito entre os diferentes pontos de vista, é que damos portanto a denominação de *intriga*. Trata-se, neste caso, do eixo em torno do qual se articulam, através de uma certa hierarquia, as diversas cenas e episódios que compõem o mecanismo geral da trama, enquanto fases particulares do mencionado conflito, referente à viagem de peregrinação do herói Nhô Augusto em busca do próprio destino; ou seja, em busca daquilo que constituiria, no final do enredo, "a *hora* e a vez de Augusto Matraga", como nos sugere o título da narrativa.

Princípio graças ao qual a narrativa "A Hora e a Vez de Augusto Matraga" se destaca como um modelo de natureza essencialmente dramática. Não se esquecendo, todavia, de que a premissa definidora do dramático, em tal caso, decorre não daquele conflito tomado enquanto fator em si mesmo (já que ele se acha presente também em outras narrativas o são propriamente dramáticas), mas do fato de que, na construção dramática, o centro de convergência de todas as significações introduzidas pelo enredo, referentes à relação entre o dito conflito e as esferas da objetividade (contexto exterior) e da subjetividade (consciência do narrador), localiza-se não nestas duas esferas (objetiva e subjetiva), mas no conflito propriamente dito, decorrente das contradições no seio da própria sociedade.

A Cadeia de Episódios: a peregrinação do herói

Trata-se, pois, de um drama cujas cenas particulares, referentes à manifestação dos distintos fenômenos e acontecimentos que entram na constituição de sua intriga, se acham distribuídas e hierarquizadas no seio de cinco sucessivos episódios, correspondendo cada um deles a um momento específico do mencionado conflito.

1º Episódio: o Leilão da Prostituta Sariema

O primeiro episódio, ocorrido no adro da igreja, refere-se às ações de maltratos, praticadas pelo herói Nhô Augusto, com a colaboração do grupo de marginais que o aplaudiam no mo mento, em relação a três distintas personalidades: à prostituta Sariema, transformando-a no objeto de um leilão; ao capiau com quem ela se achava de namoro, surrando-o no instante em que ele tentava defendê-la das garras do valentão; e ao leiloeiro, convertendo as suas atividades de trabalho no instrumento de uma brincadeira de mau gosto, bem como de ofensa a determinados indivíduos e ainda de profanação das coisas de Deus.

Acontecimentos estes que, por terem ocorrido não em qual quer ambiente, mas no consagrado ás atividades de cunho religioso, recebem conjuntamente a correspondência de um pecado. Um pecado no sentido, porém, não puramente religioso do termo, mas também sócio-antropológico, no que se refere à função do enredo enquanto modelo de interpretação da realidade. Processo no qual as faltas cometidas pelo herói, em aliança com o grupo de malfeitores aí presentes, referem-se à conversão do ambiente sagrado numa espécie de prostíbulo, e a pessoa da prostituta Sariema (enquanto ser humano do sexo feminino) no objeto de uma disputa entre determinados concorrentes.

Uma disputa na qual o objetivo básico não é bem a posse da mercadoria, mas antes o exibicionismo do poder de seus competidores, isto é, da potência machista e da quantidade de dinheiro que possuem. Assim, enquanto que seus adversários, pobres marginais, só podiam gritar – humildemente: "cinco mil réis!...", pela posse da prostituta; Nhô Augusto, o valentão e rico latifundiário, podia "berrar" - "com voz de meiodia": "cinquenta mil-réis!...", pela referida prenda
(grifo nosso). [16]

2º Episódio: A Luta de Nhô Augusto com o Major Consilva

O segundo episódio, transcorrido no espaço que vai da residência de Nhô Augusto á residência do Major Consilva, refere-se, por sua vez, ao conjunto das derrotas, sofridas pelo herói Nhô Augusto, como forma de reparação das faltas cometidas anteriormente. Faltas referentes não apenas aos indivíduos antes mencionados, mas também a vários outros, como se percebe no desenrolar do enredo.

A primeira derrota é a da fuga da esposa Dona Dionóra e da filhinha Mimita com seu Ovídio Moura, numa ação de protesto contra a situação de desprezo e maltratos em que o esposo e pai Nhô Augusto as havia colocado desde há muito tempo. A segunda é a da fuga dos jagunços do próprio Nhô Augusto para os domínios de seu velho inimigo, o fazendeiro Major Consilva, num ato de protesto contra a situação econômica (de baixos salários e atraso de pagamento) em que o patrão Nhô Augusto os havia deixado ultimamente. A terceira é a da surra recebida por Nhô Augusto, no momento em que tentava vingar a fuga de seus guarda-costas, antes de partir-se para a vingança da fuga da esposa e da filha; processo no desfecho do qual Nhô Augusto é barbaramente massacrado, marcado a ferro-em-brasa e jogado no fundo de um precipício; e no qual tomara parte, além dos jagunços do Major e os ex-jagunços do próprio Nhô Augusto, também o capiauzinho que havia sido surrado anteriormente.

Acontecimentos estes que, em decorrência da perspectiva em que de fato sucederam, em direta correspondência com os acontecimentos do primeiro episódio, assumem conjuntamente a equivalência de um *castigo*. Também neste caso, trata-se de um castigo não no sentido puramente religioso do termo, mas no sentido de uma determinada vingança, levada a cabo, tanto por Dona

Dionóra e a filhinha Mimita, em retribuição aos maltratos que vinham recebendo desde há muitos anos, quanto pelos jagunços, que vinham sendo prejudicados financeiramente. Um castigo, por conseguinte, contra os desvios praticados pelo herói Nhô Augusto - enquanto proprietário e chefe de família - em relação às normas do comportamento humano no seio da sociedade em que vive.

Veja-se o caráter interpretativo da função assumida pelo enredo neste momento: da mesma forma que a prostituta Sariema é mostrada não tanto como a "prostituta" propriamente dita, mas sobretudo como a *mulher humilhada* e *maltratada* por um determinado indivíduo (aspecto humano e não moral, portanto), a esposa Dona Dionóra, por sua vez, que abandona este mesmo indivíduo e foge com um outro, é apontada neste instante, segundo o ponto de vista do próprio narrador, não como a praticante um certo desvio em relação às normas do comportamento sócio-familiar, nem tão pouco como a executante de um determina do adultério, mas antes como a realizadora de uma vingança contra o próprio esposo, cujo papel enquanto pai e esposo ele o havia deixado de cumprir desde há longos tempos. O mesmo sucede com Ovídio, que é mostrado neste enredo não na categoria de um desagregador da estrutura sócio-familiar, mas na de protetor das duas mulheres que vinham sendo maltratadas e desprezadas.

Em vista disso, quando Willi Bolle - baseando-se numa frágil estatística sobre a incidência da vingança contra a prática do adultério em *Sagarana* (não se esquecendo, além do mais, que ele se fundamenta apenas nas intrigas, e não nos enredos propriamente ditos), acusa Guimarães Rosa de "autor moralista" e ainda de defensor de uma instituição - a do casamento - que ele possivelmente considera como já ultrapassada, devemos contrapor o nosso ponto de vista dizendo que se trata de um julgamento essencialmente falso, uma vez que não corresponde à realidade dos fatos, que são os da constituição do enredo enquanto sistema artisticamente elaborado. Sistema em relação ao qual a intriga ano passa de um eixo elementar. Uma estória, na maioria dos casos, colhida por Guimarães Rosa no próprio contexto, como o percebe qualquer leitor não especializado e que já se acha familiarizado com as narrativas elaborada oralmente pelos sertanejos. Uma estória, enfim, cujo sentido, enquanto unidade de natureza propriamente artística, é dado não isoladamente, conforme tenta extraí-lo Willi Bolle, sim através de sua inserção num contexto ainda bem mais complexo, que é o do enredo visto em sua globalidade.

O mesmo sucede com Roberto da Mata que, para sustentar a tese de que o nome Augusto Matraga, enquanto símbolo da conduta do próprio herói, refere-se ao "renunciador", Isto é, àquele que, renunciando-se ao mundo sócio-material, optou-se pelo mundo espiritual ou "mundo da renúncia", afirma o seguinte: enquanto que os (idas narrativos referentes aos maltratos à prostituta Sariema e à surra recebida por capiau têm os seus fechamentos logo no segundo episódio, através das derrotas sofridas por Nhô Augusto; os ciclos abertos por meio da fuga de Dona Dionóra e da filha, da perda dos jagunços e das próprias fazendas e ainda da surra individualmente recebida, permanecem no entanto em aberto, já que o nosso herói, derrotado neste momento, nunca volta para vingar as mencionadas derrotas.

Ora, neste último caso, estamos na presença não da abertura de determinados ciclos, segundo o esquema: derrota/vingança; mas do fechamento de outros ciclos abertos anteriormente, referente ao esquema: falta/castigo. Processo no qual o papel desempenhado por Ovídio deixa de ser o de um desagregador da estrutura sóciofamiliar tradicionalmente consagrada, para converter-se no de um protetor das duas mulheres que estavam sendo desprezadas e maltratadas e ainda no de defensor da estrutura sóciofamiliar que estava sendo ameaçada; e no qual o papel exercido pelo latifundiário Major Consilva, em vez de ser o de um praticante de uma certa malfeitoria, causando uma certa desgraça na vida do herói Nhô Augusto, é o de uma forma repressora, atuando sobre a conduta daquele que, no decorrer de toda a sua vida, não fizera outra coisa senão violar as normas das instituições às quais ele próprio se achava vinculado.

Nesta perspectiva, se o fim do massacre recebido, no desfecho do segundo episódio, tivesse sido de fato o de sua morte, como o imaginaram seus executores, todos os ciclos anteriormente em aberto teriam encontrado ai o instante de seu fechamento. No entanto, o herói se salva, graças à intervenção do casal de pretos que morava nas proximidades do precipício para onde rolara o corpo semimorto de Nhô Augusto. E o que sucede então, neste justo momento, não é bem a abertura de novos ciclos, mas antes a repetição, embora por um processo diferente, dos ciclos que se haviam encerrado neste momento: já que as normas do contrato estabelecido com a tradição, logo a pós o seu nascimento ("Quem criou Nhô Augusto foi a avó... Queria o menino p'ra padre... Rezar, rezar, o tempo todo, santimônia e ladainha..."), o que há daqui para a frente não é outra coisa senão o processo destinado a tentar colocá-lo realmente na linha; ou seja, o processo referente ao conjunto das *provas* pelas quais ele deverá passar, a fim de alcançar, no final de sua viagem de peregrinação, ou a sua salvação ou a sua perdição definitiva, quando ele será submetido a um **castigo** de natureza ainda mais drástica que a do anterior.

3º Episódio: O encontro de Nhô Augusto com o Padre

O terceiro episódio, sucedido na cabana dos pretos que o encontraram lá no fundo do precipício, corresponde a um conjunto de três sucessivos processos. O das torturas física, moral e espiritual, em consequência tanto do massacre como também da desonra sofrida anteriormente. O do arrependimento em relação as faltas e pecados cometidos no decorrer de sua vida. E o da confissão: primeiro, com aos seus ausentes inimigos, na forma de um delírio; em seguida, com a preta mãe Quitéria e o preto pai Serapião; e, por último, com próprio sacerdote, o qual é trazido por seus protetores a fim de confessá-lo de forma realmente autêntica.

Um conjunto de acontecimentos que, em virtude da função por eles desempenhada , no sentido de conduzir o herói a uma metamorfose de sua personalidade, transformando-o do arrogante malfeitor no humilde pecador, disposto não somente a arrepender-se de todos os crimes e pecados praticados anteriormente, mas também a tomar um rumo completamente oposto ao que vinha seguindo desde a sua juventude, [13] retomando assim a trajetória indicada pela avó, recebe por sua vez a equivalência de uma *purgação*.

Trata-se, pois, de um conjunto de acontecimentos em decorrência dos quais a cabana dos pretos, enquanto espaço intermediário entre o início e o fim do enredo, onde atingiremos o momento **do juízo final**, funciona como uma espécie de "purgatório": (do lat. *purgatório*) "lugar de purificação das almas dos justos, antes de admitidos na bem-aventurança'; ou "lugar onde se sofre por algum tempo ou local de "expiação, padecimento, sofrimento", etc., segundo nos informa Aurélio Buarque de Holanda Ferreira.

E como se trata de uma purgação destinada não somente à sua purificação em relação ao que ele era antes, mas também à sua preparação para aquilo que ele viria a ser dai para a frente; do conjunto de processos anteriormente analisados resulta ainda uma determinada tarefa, seguida de certos conselho e dadas recriminações. "Você - aconselha o sacerdote - não deve pensar mais na mulher, nem em vinganças. Entrega para Deus, e faça penitência. Sua vida foi entortada no verde, mas não fique triste, de modo nenhum, porque a tristeza é aboio de chamar o demônio, e o Reino do Céu, que é o que vale, ninguém tira de sua algibeira, desde que você esteja com a graça de Deus, que ele não regateia a nenhum coração contrito!...

E, num tom ainda mais doutrinário, utilizando-se inclusive da linguagem que é mais familiar ao próprio doutrinado, a fim de que a mensagem lhe penetre com mais facilidade e maior eficácia, acrescenta o chefe da instituição anteriormente violada: "Você nunca trabalhou, não é? Pois, agora, por diante, cada dia de Deus você deve trabalhar por três, e ajudar os outros, sempre que puder. Modere esse mau gênio: faça de conta que ele é um poldro bravo, e que você é mais mandante ao que ele... Peça a Deus assim, com esta jaculatório: 'Jesus, manso e humilde de coração, fazei meu coração semelhante ao vosso...'".[21]

Aquilo que não fora conseguido pela avó, é agora tentado novamente, e por parte do verdadeiro representante do Sistema. Trata-se, como se vê, da reabertura de um mesmo ciclo que já havia sido aberto anteriormente, quando das tentativas da avó no sentido de introduzi-lo na rota do Bem: "Rezar, rezar, o tempo todo, santimônia e ladainha...". Agora, todavia, por meio não apenas de um processo de doutrinação, mas também de uma lavagem cerebral, trocando as velhas substâncias por novos ingredientes. Resta-nos verificar, através dos próximos episódios, se os objetivos fossem finalmente atingidos.

4º Episódio: o Encontro de Nhô Augusto com Tião da Thereza e Joãozinho Bem-Bem

O quarto episódio, ocorrido no sitio do Tombador, desenvolve-se através de três diferentes fases, no que diz respeito às mudanças operadas na conduta do herói Nhô Augusto durante a sua estadia neste novo local. A primeira refere-se às tentativas de cumprimento da tarefa determinada pelo sacerdote. "Trabalhava que nem um afadigado por dinheiro, mas, no feito, não tinha nenhuma ganância e nem se importava com acrescentes: o que vivia era querendo ajudar os outros. Capinava para si e para os vizinhos do seu fogo, no querer repartir, dando de amor o que possuísse. E só pedia, pois, serviço para fazer, e pouco ou nenhuma conversa". [22]

Um processo que chega ao cúmulo, inclusive, do paradoxo, como neste exemplo, em que o antigo senhor se transforma numa espécie de escravo, e os atuais escravos num tipo de senhores: "O casal de pretos, que moravam junto com ele, era quem. mandava e desmandava na casa, não trabalhando um nada e vivendo no estadão. Mas, ele, tinham-no visto mourejar até dentro da noite de Deus, quando havia luar claro". [23] Escravidão, porém, não como nos velhos tempos, mas por simples solidariedade para com os demais, "dando de amor o que possuísse".

E, ainda mais: "nos domingos, tinha o seu gosto de tomar descanso: batendo mato, o dia inteiro, sem sossego, sem espingarda nenhuma e nem nenhuma arma para caçar; e, de tardinha, fazendo parte com as velhas corocas que rezavam o terço ou os meses dos santos. Mas fugia ás léguas de viola ou sanfona, ou de qualquer qualidade de música que escuma tristeza no coração"[24] E, além do mais, "quase sempre estava conversando sozinho, e isso também era de maluco, diziam; porque eles ignoravam que o que fazia era apenas repetir, sempre que achava preciso, a fala final do padre: - 'Cada um tem a sua hora e a sua vez: você há de ter a sua' ". E, como fato ainda mais extremo desse comportamento, Nhô agora não mais bebia, não fumava, não olhava o bom parecer das mulheres e não pensava mais em vinganças.

A segunda fase é a da chegada do antigo conhecido Tião da Thereza, trazendo-lhe as mais venenosas noticias sobre o que se estava passando, lá na cidadezinha onde ele morava, com a sua família e outros pertences: "a mulher, Dona Dionóra, continuava amigada com seu Ovídio, muito de bem os dois, com tenção até em casamento de igreja, por pensarem que ela estava desimpedida de marido; com a filha, sim, é que fora uma tristeza: crescera sã e se encorpara uma mocinha muito linda, mas tinha caído na vida, seduzida por um cometa, que a levara do arraial, para onde não se sabia... O Major Consilva prosseguia mandando no Murici, e arrematara as duas fazendas de Nhô Augusto... Mas o mais malarrumado tinha sido com o Quim, seu antigo camarada, o pobre do Quim Recadeiro - 'Se alembra?' -Pois o Quim tinha morrido de mortematada, com mais de vinte balas no corpo, por causa dele, Nhô Augusto: quando soube que seu patrão tinha sido assassinado, de mando do Major, não tivera dúvida: ...jurou desforra, beijando a garrucha, e não esperou café coado! Foi cuspir no canguçu detrás da moita, e ficou morto, mas já dentro da sala-de-jantar do Major, e depois de matar dois capangas e ferir mais um...".

A terceira fase refere-se finalmente ao seu encontro com o cangaceiro Joãozinho Bem-Bem e seu bando de homens perigosos, assim como ao papel por ele desempenhado no sentido de aprofundar ainda mais a brecha aberta por Tião da Thereza na máscara que vinha escondendo, por detrás deste humilde crente, a personalidade do antigo valentão. Nesta perspectiva, enquanto o papel desempenhado por Tião da Thereza foi no sentido sobretudo de, por meio da fenda aberta na máscara do atual Nhô Augusto (o homem no "caminho do Bem"), fazer renascer o antigo Nhô Augusto (o homem "no caminho do Mal"); o papel exército por Joãozinho Bem-Bem, em prosseguimento à tarefa inicia da por Tião, é justamente no sentido de arrancá-lo do estado de misticismo em que ele se encontrava no presente momento e motivá-lo para a busca da vingança contra seus inimigos, a fim de "lavar" a honra que havia sido manchada anteriormente.

E Nhô Augusto, nesta nova oportunidade, tem duas alternativas pela frente, conforme se nota no desenrolar do encontro entre os dois valentões: ou entrar para o bando de cabras corajosos e participar pessoalmente da execução da tarefa, ou servir-se das forças armadas de Bem-Bem apenas como um determinado instrumento, conforme o propusera Bem-Bem em diversas ocasiões. E Nhô Augusto, apesar de todas as recusas em relação às propostas do chefe Bem-Bem, não consegue esconder, em nenhum momento, o fato de que, intimamente, todas elas foram realmente aceitas. E, assim que o bando se foi, "Nhô Augusto não tirou os olhos, até que desaparecessem. E depois se esparramou em si, pensando forte. Aqueles, sim, que estavam no bom, porque não tinham de pensar em coisa nenhuma de alma, e podiam andar no mundo, de cabeça em-pé... Só ele, Nhô Augusto, era quem estava de todo desonrado, porque, mesmo lá, na sua terra, se alguém se lembrava ainda do seu nome, havia de ser para arrastá-lo pela ruada-amargura...".

Um conjunto de acontecimentos que, em decorrência do papel por eles desempenhados, sobretudo no desfecho do episódio, que é o de um instrumento destinado a atuar, como artimanha do diabo, sobre a consciência do pecador Nhô Augusto, no sentido de desviá-lo novamente do "caminho do Bem" para o "caminho do Mal", recebe portanto a correspondência de uma tentação. Isto é, de um processo destinado a arrancálo da imobilidade em que se encontrava no momento e motivá-lo para a concretização da tarefa da qual ele fora impedido anteriormente, em decorrência do massacre sofrido. E é assim que, logo que o bando se vai, Nhô Augusto abandona o sitio do Tombador, monta do num jumentinho.

5º Episódio: o Duelo de Nhô Augusto com Joãozinho Bem-Bem

O quinto episódio, que é o do povoado do Rala-Coco, refere-se finalmente ao desfecho da narrativa. Eis o esquema fundamental de seu desenvolvimento, no que diz respeito ao conjunto dos acontecimentos ai ocorridos. Um dado rapaz, membro de urna família daquela localidade, havia assassinado um dos jagunços de Joãozinho BemBem, fugindo-se logo em seguida. E o chefe BemBem, então, queria porque queria mesmo que um de seus irmãos pagasse, com a própria vida, o crime por ele come tido; e, quanto ás suas irmãs, dizia o diabólico Bem-Bem: "Para mim não quero nenhuma, que mulher não me enfraquece: as mocinhas são para os meus homens...". [28]

E, no justo momento em que o velhinho, pai das vitimas, sem nenhuma outra saída para o impasse, exclama desafiadoramente: "Pois então, satanás, eu chamo as forças de Deus p'ra ajudar a minha fraqueza no ferro de sua força maldita!...",[29] Nhô Augusto, que neste momento já se achava de arma em punho, na iminência de substituir o jagunço que havia sido morto, entra por sua vez em ação; e, entre os dois heróis, trava-se a mais encarniçada luta; e de modo que, o machismo, a valentia e a coragem, tanto de um quanto do outro, são disputados até ao último fôlego, colocando ponto final à vida de ambos ao mesmo tempo: BemBem, em nome das Forças do Mal, e Matraga em nome das Forças do Bem.

Acontecimentos estes que, em virtude da função por eles desempenhada, enquanto forma de resolução do conflito que dirigira o destino do herói desde o seu nascimento, recebe finalmente a equivalência de um *juízo final*. Isto é, de uma última disputa entre as Forças do Bem e as Forças do Mal. Momento em que se fecha finalmente o ciclo da vingança, em relação porém não ás derrotas sofridas por Nhô Augusto no final do segundo episódio, mas dos desvios e arbitrariedades por ele cometidas no decorrer de toda a sua vida; inclusive no que se refere à sua conduta no local para onde ele fora enviado a fim de passar-se por um processo de recuperação, uma vez que, durante o período de sua reclusão naquele ambiente, ele não fizera de fato outra coisa senão ludibriar a consciência correspondente às forças do sistema com o qual ele havia se comprometido anteriormente.

8. O NÍVEL DO TEMA

A ideia do *conflito entre o Bem e o Mal*, conforme se deduz da matéria que acabamos de analisar, é o tema básico do enredo em "A Hora e a Vez de Augusto Matraga". Em torno dele articulam-se os diversos motivos que constituem o universo semântico da obra, enquanto estrutura artisticamente organizada. Nesta perspectiva, entende-se por *motivo*, antes de mais nada, a unidade significativa mínima, enquanto conteúdo manifesto por meio de um acontecimento de ordem elementar, como no caso dos cinco episódios anteriormente analisados; e, por tema, entende-se a unidade significativa máxima, referente ao conjunto de todos os acontecimentos que compõem a estrutura do enredo enquanto sistema artístico global.

No que se refere ao enredo a partir do qual este raciocínio está sendo elaborado, o conjunto dos motivos que constituem o seu tema fundamental decorre tanto do sentido manifesto pela conduta do herói Nhô Augusto através daqueles cinco episódios, como também dos significados expressos pelas diversas área do espaço que funcionaram como esferas do ambiente em que tal sentido realmente se reproduz. Um sentido decorrente, por conseguinte, da oposição entre a conduta do herói Nhô Augusto e as normas do comportamento no seio da sociedade, configuradas tanto na conduta de outros personagens quanto na estrutura do ambiente em que as suas ações se desenrolam.

Resumindo tudo o que vimos anteriormente, no que se refere à correlação entre as unidades que compõem o mecanismo da trama e os que constituem o seu conteúdo temático, eis a síntese do processo acima indicado.

1.   O Leilão da Prostituta Sariema - episódio do adro da igreja: "lugar *sagrado*" ou "área do *pecado*";

2.   A Luta de Nhô Augusto com o Major Consilva – episódio do espaço que vai da residência de Nhô Augusto à residência do Major: "lugar da *correção* moral e espiritual" ou "área do *castigo*"

3.   O Encontro de Nhô Augusto com o Padre — episódio da cabana dos pretos: "lugar do *arrependimento* e da *confissão*" ou "área da *purgação*";

4.   O Encontro de Nhô Augusto com Tião da Thereza e Joãozinho Bem-Bem - episódio do sitio do Tombador: "lugar da *reabilitação* física, moral e espiritual" ou "área da *tentação*";

5.   O Duelo de Nhô Augusto com Joãozinho Bem-Bem - episódio do povoado do Rala-Coco: "lugar da *última disputa* entre as Forças do Bem e as Forças do Mal" ou "área do *juízo final*".

No resumo acima, nota-se dois tipos básicos de expressões: o primeiro referente aos núcleos fundamentais dos diferentes episódios, e o segundo aos significados (ou motivos) manifestos por meio tanto da relação entre a conduta dos diversos personagens (sob a perspectiva de um deles, que é Nhô Augusto), como também da relação entre tal conduta e as normas configuradas no ambiente em que transcorreram os mencionados acontecimentos. Nesta perspectiva, enquanto que o primeiro conjunto de unidades (nível da representação) funciona como o plano da expressão do enredo, no que se refere ao mecanismo da trama, o segundo conjunto (nível temático) funciona como o plano de seu conteúdo. Não se esquecendo todavia de que, em se tratando do enredo propriamente dito, inclui-se ainda um terceiro plano, conforme o demonstramos no capitulo 3.1., que é o da fala do narrador enquanto sujeito do processo narrativo global.

Tema e Motivo: a hierarquia das significações

Deve-se compreender, todavia, que tanto o conceito de *tema* quanto o de *motivo*, segundo a perspectiva adotada por este ensaio, possuem uma existência de caráter apenas relativo; e a determinação tanto de um quanto do outro decorre, antes de tudo, da função desempenhada pelos acontecimentos aos quais eles se referem, no seio de uma determinada hierarquia que poderá referir-se, ou ao enredo em sua totalidade, ou a uma de suas estruturas elementares, como as cenas, os episódios ou grupos de episódios.

Assim ocorre, por exemplo, com os conceitos "pecado", "castigo", "purgação", "tentação" e "juízo final", referentes aos núcleos fundamentais dos acontecimentos que constituem a trama que acabamos de analisar (" o Leilão da Prostituta Sariema", "a luta de Nhô Augusto com o Major Consilva", "o encontro de Nhô Augusto com o Padre", "o Encontro de Nhô Augusto com Tua da Thereza e Joãozinho Bem-Bem", "o Duelo de Nhô Augusto com Joãozinho Bem-Bem"), enquanto motivos componentes do tema do "conflito entre o Bem e o Mal", equivalente à hierarquia de todos os acontecimentos que entram na constituição da mencionada trama.

Entretanto, o mesmo raciocínio que se aplica na relação entre a estrutura global do enredo e suas estruturas elementares, a exemplo dos episódios acima indicados, aplica-se igualmente na relação entre cada uma destas estruturas elementares e as unidades que as constituem enquanto tais, e que no caso são as cenas que compõem o mecanismo de cada episódio. O conceito *pecado*, por exemplo, enquanto conteúdo fundamental do conjunto de acontecimentos ocorridos no primeiro episódio, e enquanto forma de manifestação da atitude transgressora da conduta do herói Nhô Augusto em relação às normas do comportamento no seio da sociedade, é produzido a partir de três conceitos elementares, produtos de três acontecimentos particulares, que são justamente os daquelas *ofensas*, cometidas por Nhô Augusto, em relação à prostituta Sariema, ao capiau e ao leiloeiro, conforme o vimos anteriormente. E daí se deduz que o conceito "pecado" pode ser tomado em dois diferentes sentidos: quer na categoria de um *motivo*, em relação ao tema do "conflito entre o Bem e o Mal"; quer na categoria de um tema, em relação às três "ofensas" acima indicadas, que funcionam como os seus motivos elementares.

Este mesmo raciocínio poderia ser estendido a todas as outras unidades (episódios) anteriormente esquematizadas; mas seria repetir, através de situações diferentes, isto que acabamos de analisar.

9. AS FUNÇÕES DO NOME PRÓPRIO

Já no *Frei Luís de Sousa*, de Almeida Garrett, a heroína chama-se Madalena, por analogia com Maria Madalena, a *pecadora*: símbolo de um certo *desvio*, manifesto pela conduta da esposa de Manuel (Frei Luís) de Sousa, em relação às *normas* do comportamento feminino no seio da sociedade da época, no que se refere ao contexto das relações sócio-familiares em termos gerais e das relações sócio-religiosas em termos particulares. Significado ao qual se opõe o do nome Telmo Pais, referente ao escudeiro da família, enquanto símbolo da postura fiscalizadora e paternalista de sua própria conduta, em relação à conduta tanto da patroa Madalena quanto de sua filha Maria (a "puríssima"), no sentido de impedi-las de uma possível transgressão das normas tradicionalmente consagradas.

Atitude esta que, de certa forma, coincide com a do Camarada Quim Recadeiro, em "A Hora e a Vez de Augusto Matraga", frente à conduta do patrão Nhô Augusto, censurando-o pelo não cumprimento de seus deveres em relação às regras do sistema ao qual ele se achava vinculado: "Mal em mim não veja, meu patrão Nhô Augusto, mas todos no lugar estão falando que o senhor não possui mais nada, que perdeu suas fazendas e riquezas, e que vai ficar pobre, no já-já... E estão conversando, o Major mais outros grandes, querendo pegar o senhor à traição. Estão espalhando... - o senhor dê o perdão p'r'a minha boca, que eu só falo o que é preciso - estão dizendo que o senhor nunca respeitou filha dos outros nem mulher casada, e mais que é que nem cobra má, que quem vê tem de matar por obrigação...".

Em *Dom Casmurro*, de Machado de Assis, ocorre um caso mais ou menos parecido, embora numa situação completamente diversa. O herói, neste romance, chama-se Bentinho, por analogia com *bentinhos*: símbolo da perspectiva do Bem; ou seja, da trajetória imposta ao seu destino, a partir de uma promessa feita por sua mãe, no sentido de que ele, ao chegar à idade para isso indicada, seria mandado para o seminário, a fim de converter-se num futuro sacerdote, a exemplo de Nhô Augusto, em "A Hora e a Vez de Augusto Matraga", que, quando ainda criança, estava também destinado ao seminário: "Rezar, rezar, o tempo todo, santimônia e ladainha...".[5] A heroína, por sua vez, chama-se Capitu ou Capitolina, por analogia com capeta ou *capetinha* (um demoniozinho em figura de mulher): símbolo da perspectiva do Mal; ou seja, da trajetória indexada a partir de suas influências sobre a conduta do amigo Bentinho, incitando-o para o abandono da via do celibato sacerdotal, em troca da via do enlace matrimonial.

Situação na qual a conduta da mocinha Capitu, em relação à do moço Bentinho, possui um significa bastante parecido com o da conduta do cangaceiro Joãozinho Bem-Bem, em relação à do pecador Nhô Augusto, motivando-o para um desvio da perspectiva do Bem para a Perspectiva do Mal, isto é, para um rompimento com o compromisso feito com o padre, a fim de partir-se para a busca da vingança contra seus antigos adversários: "Mano velho, o senhor gosta de briga, e entende. Está-se vendo que não viveu sempre aqui nesta grota, capinando roça e cortando lenha... Não quero especular coisa de sua vida p'ra trás, nem se está escondendo de algum crime. Mas, comigo é que o senhor havia de dar sorte! Quer se amadrinhar com meu povo? Quer vir junto?". [6] E, no próximo encontro: "Que-o-que! Essa mania de rezar é que está lhe perdendo... O senhor não é padre nem frade, para isso; é algum?... Cantoria de igreja, dando em cabeça fraca, desgoverna qualquer valente... Bobajada!...

Este, portanto, é o esquema básico de todo o estudo que faremos no decorrer deste capitulo, por meio das narrativas do própria Guimarães Rosa. Trata-se, como se vê, do princípio referente às *funções do nome próprio*, em relação, ao mesmo tempo, tanto à conduta de determinados personagens quanto ao tema fundamental da obra.

Partimos da tese de que, ao contrário de outros escritores como José de Alencar, por exemplo, que criou a sua famosa coleção de nomes próprios a partir duma base etimológica, isto é, das raízes do tupi-guarani;[8] Guimarães Rosa, na criação de sua não menos importante galeria, parte não da base necessariamente etimológica, embora ele nunca se afaste definitivamente das raízes do idioma em que a obra foi escrita, mas sobretudo analógica, servindo-se dos elementos da cultura em sentido geral, de mais amplo acesso (pelo menos em princípio) aos membros da comunidade à qual a obra se destina.

Um procedimento, por conseguinte, de natureza tanto linguística, no sentido idiomático do termo, como também socioantropológico, em sentido mais amplo. Em outras palavras, trata-se de um *procedimento simbólico* constituído a partir de uma *base analógica*, produto da interação entre as componentes de dois diferentes tipos de linguagem, conforme os havíamos definido no segundo capítulo deste ensaio: o do idioma no qual a obra foi escrita e o da cultura nela representada; o primeiro constituído a partir das formas propriamente linguísticas da comunicação (signos convencionais), o segundo através das formas do comportamento humano e das coisas relacionadas com as experiências humanas.

Lalino, José Boi e Pé-Boi

Trata-se, em primeiro lugar, de uma espécie de biografia, referente ao herói Lalino Salatiel, na mais satírica das narrativas escritas por Guimarães Rosa. Eis o resumo da estória, no que se refere ao mecanismo de sua intriga. "Lalino, um mulato muito vivo, ajudante numa construção de estradas, não gosta do trabalho. Abandona sua mulher e o meio rural para procurar na capital a felicidade com que sonha: bonitas mulheres à vontade, iguais às que vira em revistas. Depois de algum tempo, cansa-se e fica com saudades: volta. Mas a mulher, Maria Rita, agora vive com outro. Lalino quer ganhar de volta a consideração do povo e a mulher. Oferece-se uma oportunidade: cooperar como cabo eleitoral do Major, com vistas a ganhar as eleições próximas. Graças a uma série de artimanhas que, no primeiro momento, parecem ser desastrosas para a política do Major, mas que na verdade são intrigas muito hábeis contra o adversário político, Lalino garante o sucesso eleitoral do patrão. Por seu intermédio, reconcilia-se com Maria Rita" ("A Volta do Marido Pródigo", resumo de Willi Bolle, em *Fórmula e Fábula*).

Um modelo de registro e interpretação da realidade, como se nota, no qual os traços fundamentais da conduta de Lalino, manifestos por meio de suas ações no ambiente de trabalho, no seio da família e no contexto da propriedade em sentido geral, são os de um herói pícaro: um indivíduo para o qual as leis instituídas pela sociedade, no sentido tradicional do termo, praticamente não existem; ou existem, porém não para serem defendidas ou respeitadas, mas simplesmente transgredidas ou violadas, como sucede com o protagonista-narrador, em "São Marcos": "Naquele tempo eu morava no CalangoFrito e não acreditava em feiticeiros"; [10] ou com o herói Nhô Augusto, em "A Hora e a Vez de Augusto Matraga": "Nhô Augusto é, de toda a região, o maior valentão: gosta de briga e de deboche, tira as namoradas e mulheres de outros, não se preocupa nem com sua mulher nem com sua filha e deixa sua fazenda arruinar-se".

Ou modelo no qual os traços da conduta de Lalino em relação aos da conduta de seus colegas de trabalho, da mesma forma que os da conduta de seus patrões em relação aos da conduta do povo em sentido geral, são os de um *parasita* Isto é: os de uma *planta* cuja beleza depende da ação embelezadora de uma outra planta, como no caso do jardim que Lalino pensava construir nas terras de um de seus amigos: "E isso! Mando levantar casa, com jardim em redor, mas só com flor do mato: parasitas, de todas..."; [12] ou os de um *organismo* cuja pureza depende da ação purificadora de um outro organismo, a exemplo dos bois cujos bernes são comidos pelos pássaros: "Aqueles ali, sim, fazem a limpeza direito... E José Malvino mostra os anus, transitantes, saltitantes, atarefados, pintando de preto os costados de outros bois";[13] ou os de um *indivíduo* cuja inteligência necessita da ação iluminadora de uma outra inteligência, como no caso dos companheiros de Lalino, em relação ao próprio Lalino: "Vocês, eu aposto que nunca pensaram em ter um galinheiro enorme, cheio de jacus, perdizes, de codornas... Mas hei de plantar também uma chácara, como ninguém não viu, com as qualidades de frutas... Até azeitona!"; [14] ou como os de uma determinada classe (de indivíduos) cuja sobrevivência necessita da ação exploradora de uma outra classe, a exemplo dos colegas de trabalho de Lalino que, à maneira dos bois de carro, subalternos e submissos, cumprem disciplinadamente a tarefa imposta pelo patrão: "Pesados enuncos de argolas nos chifres, que remastigam, subalternos, como se cada um trouxesse ainda ao pescoço a canga, e que mesmo disjungidos se mantêm paralelos, dois a dois"; [15] ou como no caso do burrinho, no começo da estória que estamos analisando, que, de tanta disciplina, já se havia convertido numa determinada máquina, ao modo de uma locomotiva que, silenciosamente, cumpre com a sua obrigação:

Nove horas e trinta. Um cincerro tilinta. E um burrinho, que vem sozinho, puxando o carroção. Patas em marcha automática, andar consciencioso e macio, ele chega, de sobremão. Pára, no lugar justo onde tem de parar, e fecha

Imediatamente os olhos (isto é, apaga imediatamente os "faróis", para economizar energia). Só depois é que o menino, que estava esperando, de cócoras, grita: - "Issa!..." - e pega-lhe na rédea e o faz volver esquerda, recuar cinco passadas. Pronto. O preto desaferrolha o taipal da traseira, e a terra vai caindo para o barranco. Os outros ajudam, com as pás. Seis minutos: o burrinho abre os olhos (quer dizer: "acende" novamente os "faróis"). O preto torna a aprumar o tabuleiro no eixo, e ergue o tampo de trás. O menino torna a pegar na rédea: direita, volver! Agora nem é preciso comandar: -

"Vamos!"... - porque o burrinho já saiu no mesmo passo, em rumo reto; e as rodas (como as de uma locomotiva sobre os trilhos) cobrem os mesmos sulcos no chão.

No meio do caminho, cruza-se com o burrinho pêlo-de-rato, que vem com outro carroção. E o décimo terceiro encontro, hoje, e como ainda irão passar um pelo outro, sem falta, umas três vezes esse tanto - do aterro ao corte, do corte ao aterro - não se cumprimentam. [16] (os comentários que vêm entre parênteses são nossos). Uma biografia, enfim, na qual a conduta de Lalino, segundo este ditado bastante comum do povo brasileiro, é a de um sujeito *ladino*: "Uns acham um assim sabido, que é muito ladino; mas, como é que não enxergar que o Ramiro espanhol anda rondando por perto da mulher dele?", comentam os seus colegas de trabalho. E dai, segundo nossa interpretação, o sentido do nome próprio Lalino: símbolo da *atitude de ladinagem* do herói Lalino Salatiel, no mais pícaro dos personagens criados por Guimarães Rosa.

*

Em "Corpo Fechado" (*Sagarana*), faz o narrador a seguinte declaração, logo na primeira linha do texto: "José Boi caiu de um barranco de vinte metros; ficou com a cabeleira enterrada no chão e quebrou o pescoço". [17] E já que se trata não do boi propriamente dito, mas do próprio homem, vê-se que estamos na presença de um comportamento realmente estranho: um *cowboy* do cinema norteamericano, por exemplo, jamais cairia de um modo tão extravagante como esse.

Todavia, desejando tecer uma certa sátira sobre a conduta dos chamados *cavaleiros do sertão*, numa época em que esta espécie de indivíduos, como na Mancha de Dom Quixote, já não tinha mais nenhuma razão de existir, uma vez que o próprio progresso - vindo lá de fora ou nascido em suas próprias entranhas - ia eliminando-os pouco a pouco; Guimarães Rosa, então, não somente lhe empresta o nome de um irracional, a fim de caracterizá-lo no decorrer da narrativa, mas também o descreve a partir da conduta deste irracional . E daí o sentido do nome José Boi: símbolo do comportamento deste representante dos valentões do sertão, enquanto forma de configuração da psicologia de um boi.

**

Um procedimento que, de certo modo, é o mesmo que se observa na descrição da conduta de Pedro Osório, também denominado Pé-Boi (*pés-de-boi*), em "O Recado do Morro", narrativa pertencente à coleção *Corpo de Baile*: "Debaixo de ordem. De Guiador - a pé, descalço - Pedro Osório: moço, a nuca bem feita, graúda membradura; e marcadamente erguido: nem lhe faltavam cinco centímetros para ter um talhe de gigante, capaz de cravar de engolpe em qualquer terreno uma acha de aroeira, de estalar a quatro em cruz os ossos da cabeça de um marruás, com um soco em sua cabeloura, e de alevantar do chão um jumento arreado, carregando-o nos braços por meio quilômetro, esquivando-se de seus coices e mordidas, e sem nem por isso afrouxar o fôlego de ar que Deus empresta a todos". [18]

Embora se trate do mesmo procedimento, a perspectiva de registro e interpretação da realidade é, no entanto, diferente: lá se fazia uma determinada sátira sobre a conduta dos valentões, enquanto elemento já dessincronizado em relação ao contexto em que eles se manifestam, uma vez que a realidade já não é a mesma; aqui, ao contrário, protesta-se contra uma dada situação: a do indivíduo que, não obstante toda essa potencialidade de energias nele acumuladas, a ponto de assemelhar-se a um gigante, e que não passa, no entanto, de um simples guia, e ainda no papel de um escravo:
"debaixo de ordem, a pé, descalço".

A Lalinha e iô Liodoro

No romance "Buriti", da coleção *Corpo de Baile*,[19] deparamo-nos com um outro exemplo dos mais Interessantes, no que se refere ao procedimento que vínhamos estudando. O nome do herói, neste caso, é iô Liodoro, ao passo que o da heroína é Lalinha. Iô Liodoro caracteriza-se como o patriarca do sertão, defensor da ideologia conservadora do Brasil rural pré-capitalista, ao modo de Monsieur Grandet na França provinciana de Balzac. [20] Lalinha, por sua vez, caracteriza-se como a mulher da grande cidade, representante da ideologia já um tanto libertina do Brasil urbano e já ingressado na era do capitalismo, à maneira da França do sobrinho Charles e das filhas de Pai Goriot; [21] ao mesmo tempo que é a esposa de iô Irvino, filho do latifundiário iô Liodoro.

Eis o eixo da estória, no que se refere a este aspecto. Iô Irvino, o esposo de Lalinha e com quem ela vivia lá no ambiente citadino, de um momento para outro, abandona-a, passando a conviver-se com uma outra. O sogro iô Liodoro, então, te mento um possível *desvio* de sua personalidade enquanto esposa (apesar de abandonada), isto é, temendo a sua provável *saída fora da linha*, decidese por transferi-la da cidade para o sertão. "Nhô Liodoro" - diz Wendel Santos, interpretando o ponto de vista do personagem nhô Gualberto Gaspar – "é o símbolo da Lei, da Firmeza e da Virtude no sertão. E isso explica o fato de ter ido até a cidade a fim de trazer a nora, para que ela, embora desdenhada, e livre pelo código da cidade, não praticasse qualquer violação contra o estatuto contratado no sertão. 'Para iô Liodoro, Dona Lalinha tinha de continuar fazendo parte da família, perante Deus e perante todos'. Esta é a Lei, e Liodoro e seu juiz e executor".

A intenção de iô Liodoro, na verdade, era a de submetê-la a uma espécie de *remodelação* de sua personalidade, ou seja, a um tipo de "lavagem cerebral" (como se diz geralmente), no sentido de enquadrá-la às normas da família tradicional, conservando-a desse modo para uma possível volta do esposo. Uma atitude que, segundo um ditado bastante comum do povo brasileiro, enquanto público ao qual esta mensagem está, evidentemente, mais diretamente destinada, significa: "colocar a pessoa *na linha*".

Em outras palavras: estando iô Liodoro lá na cidade, com a finalidade de trazê-la para o sertão, provavelmente teria imaginado, idealizando o futuro de sua própria nora: "Bem, aqui o risco seria realmente fatal; porém, *lá — linha!...*" Isto é, lá ela entraria finalmente na linha. Donde, segundo nossa interpretação o sentido expresso pelo nome próprio Lalinha: símbolo da *atitude doutrinária* do patriarca iô Liodoro, em relação à esposa de seu filho iô Irvino, vinda lá do mundo citadino.

Entretanto, dado à extraordinária beleza do físico de Lalinha, assim como à sua não menos extraordinária habilidade no manejá-lo como uma espécie de arma contra a moralidade daquele que pretendia "colocá-la na linha"; e não obstante ao fato de que o seu *doutrinador*, no caso, fosse o próprio sogro; à medida que o processo vai-se desenvolvendo, ele mesmo pouco a pouco vai passando, de sua inicial condição de doutrinador da esposa de seu filho Irvino (que, "después de irse, jamás *vino*), para a de *adorador* de seus encantos femininos.

Daí, finalmente, o sentido referente ao nome iô Liodoro, segundo nossa perspectiva de análise. Numa possível versão para o espanhol (seria uma influência?), o resultado se tornaria inclusive mais perfeito: iô Liodoro = *yo le_adoro*: símbolo da conduta do patriarca do sertão, transvertido num *adorador* dos encantos de sua própria nora, enquanto personalidade vinda do mundo lá de fora.[23]

Augusto Matraga

Trata-se, neste caso, da função desempenhada pelo nome Augusto Matraga (que aparece explicitamente apenas no titulo e no desfecho da narrativa), em oposição a Augusto Esteves e Nhô Augusto, com os quais o herói se nos apresenta no decorrer do enredo. Antes, todavia, de entrarmos no cerne mesmo da questão, vejamos o resumo da estória, servindonos novamente do ensaio de Willi Bolle.

"Nhô Augusto é, de toda a região, o maior valentão: gosta de briga e de deboche, tira as namoradas e mulheres de outros, não se preocupa nem com sua mulher nem com sua filha e deixa sua fazenda arruinar-se. Um dia, sobrevém o castigo: a mulher o abandona; seus capangas, mal pagos, se põem a serviço de seu maior inimigo. Nhô Augusto quer vingar-se, mas seus inimigos o atacam de surpresa e o espancam; por pouco não morre. Todo ferido, é encontrado por um casal de pretos que o tratam; aos poucos se restabelece. Matraga começa, então, uma vi da de penitência: com os velhinhos vai longe até um lugarejo bem afastado e lá trabalha duramente de manha à noite; é manso servidor para todo mundo, reza e se arrepende de sua vida anterior. Um dia, passa o bando do destemido jagunço Joãozinho Bem-Bem, que é hospedado por Matraga com grande dedicação. Quando o chefe dos jagunços lhe faz a proposta de integrar-se à tropa e receber qualquer ajuda, Matraga vence a tentação e recusa. Quer ir para o céu, nem que seja a porrete', e sonha com um 'Deus valentão ("assim parecido com seu Joãozinho BemBem", acrescentemos). Um dia, já recuperada a sua força, despede-se dos velhinhos. Chega a um lugarejo onde reencontra o bando de Joãozinho Bem-Bem, prestes a executar uma cruel vingança contra a família de um assassino que fugira. Augusto Matraga opõe-se ao chefe dos jagunços. No duelo ambos se matam. Nessa hora, Nhô Augusto é identificado por seus antigos conhecidos".[24]

O nosso herói, diz o antropólogo Roberto da Mata, "combina em si mesmo três posições a um só tempo unas e distintas: (1) o homem neutro e registrado juridicamente (Augusto Esteves), que pode ser tudo e nada; (2) a pessoa da ordem, da dominação e do poder (Nhô Augusto) que, como patrão todo poderoso, abusa de sua posição e pensa poder transgredir o Bem e o Mal, o amor e o ódio, a riqueza e a pobreza; e (3) o indivíduo que descobre a sua própria alternativa (Augusto Matraga), o renunciador – espécie redentora dos outros dois".

Do nome Augusto Esteves (ou Nhô Augusto), Da Mata destaca ainda o lexema Augusto que, segundo ele, significa o Divino: "um nome imperial com nascimento em Roma, fonte de todo o poder e domínio". Um significado que, na verdade, se acha motivado no interior do próprio enredo: "Quem criou Nhô Augusto foi a avó... Queria o menino p'ra padre... Rezar, rezar, o tempo todo, santimônia e ladainha...".

Em relação ao segundo lexema, o do nome Matraga, o antropólogo faz a seguinte interrogação: "Matraga - ou matraca?", para, em seguida, argumentar: "A troca de consoante é significativa: simples instrumento divino, ordenador e anunciador da paixão de Cristo nos dias de sua morte e enquanto personagem do autor.

Um ponto de vista que, em decorrência disso, não lhe permite perceber o fato de que, da mesma forma que a perspectiva da salvação da alma, no que se refere ao destino de Nhô Augusto, se encontra motivada no decorrer de toda a narrativa, desde o seu início até ao seu desfecho, através de um processo que incluiria, evidentemente, a sua renúncia ao mundo sócio-material em troca do mundo espiritual; assim também ocorre com a perspectiva da vingança contra seus inimigos que, por sua vez se acha motivada no desenrolar de todo o enredo, desde o seu ponto de abertura até ao de seu encerramento, através de um processo que incluiria, necessariamente, não a sua renúncia ao mundo sócio-material em troca do mundo sócio-espiritual, mas o seu regresso ao seio da sociedade, através de sua reintegração ás esferas da família, da propriedade e, inclusive, da religião.

Esta segunda alternativa Nhô Augusto a descobre de fato a partir de um determinado sonho, ocorrido logo depois do encontro que tivera com o bando de valentões chefiados por Joãozinho Bem-Bem e das motivações surgidas no momento: "E, à noite, tomou um trago sem ser por regra, o que foi bem bom, porque ele já viajou, do acordado para o sono, montado num sonho bonito, no qual havia um Deus valentão, o mais solerte de todos os valentões, assim parecido com seu Joãozinho Bem-Bem, e que o mandava ir brigar, só para lhe experimentar a força, pois que ficava lá em-cima, sem descuido, garantindo tudo".

Guimarães Rosa, através da construção do enredo, não valoriza de forma absoluta, como o fazem muitos de seus analistas, nenhuma das duas alternativas acima indicada: ele valoriza, isto sim, o conflito entre elas, até ao último instante, seguindo a dialética dos próprios fatos. Aspecto que muitos críticos não percebem, porque pensam que ele raciocina metafisicamente, e não dialeticamente. E dai não perceberem a riqueza significativa de seus enredos que, neste caso, decorre não da concentração do ponto de vista neste ou naquele ângulo da relação, no que se refere á intriga que lhe serve de base, mas num conflito que, sendo desencadeado a partir de um processo que inclui, ao mesmo tempo, três distintas contradições, o seu desfecho tem como finalidade resolver todas elas simultaneamente.

Na verdade, é por uma simples coincidência, como o destaca o próprio enredo, que o jumentinho (um animalzinho suposta mente "sagrado"), em vez de conduzir Nhô Augusto ao local da vingança contra seus adversários, o conduz ao de sua morte no duelo com o cangaceiro Joãozinho Bem-Bem: "E então, de repente, estiveram a muito pouca distância do arraial do Murici", que é justamente a corrutelazinha onde ele vivia. E Nhô Augusto, sem esconder o seu entusiasmo, exclama: "Não me importo! Aonde o jegue me levar, nós vamos, porque estamos indo é com Deus!..."[32] "E assim entraram os dois no arraial do Rala-Coco, onde havia, no momento, uma agitação assustada no povo". "Mas, quando responderam a Nhô Augusto: - E a jagunçada de seu Joãozinho Bem-Bem, que está descendo para a Bahia... - ele, de alegre, não se pôde conter: 'Agora sim! Cantou p'ra mim, passarim... Mas, onde é que eles estão?".

Até ao ponto culminante deste último episódio, a perspectiva predominante é ainda a da busca da vingança, como se deduz do entusiasmo acima, e que ainda prossegue em várias outras cenas particulares, destinadas (como na maioria das do episódio anterior) á motivação de uma possível aliança entre os dois valentões, no sentido da concretização da tarefa que já se vinha configurando na consciência de Nhô Augusto, embora de forma camuflada, desde há muitos tempos atrás. E é somente no último instante que esta perspectiva de fato se modifica, em decorrência do incidente de um assassinato, praticado contra um dos jagunços de Bem-Bem, por um rapaz daquela localidade. Momento em que surge a possibilidade, igualmente imprevista, da passagem de Bem-Bem, da categoria de aliado em potencial, para a de adversário, em relação ao mesmo Nhô Augusto, dando origem ao duelo em que os dois morrem lutando um contra o outro.

Nhô Augusto entrara na luta no justo momento em que o velhinho, chefe da família que seria sacrificada no lugar do assassino, grita pelo socorre das forças de Deus contra as forças do Demônio. Por isso, ao morrer, ele acredita estar indo realmente para o céu, embora o enredo não motiva claramente esta hipótese, deixando em aberto inclusive a hipótese contrária, que é a de sua ida para o inferno. Nhô Augusto entrara na luta precisamente em defesa de uma família que estava sendo injustiçada naquele momento. Em decorrência disso, ao morrer ele se desfaz de todas as suas antigas frustrações, de correntes de seus sentimentos de culpa em relação ás injustiças por ele praticadas no transcurso de toda a sua vida, contra várias outras famílias, inclusive a sua. Neste inesperado desfecho, Nhô Augusto perde finalmente a própria vida, porém o. faz num encarniçado duelo com o mais valente de todos os valentões daquelas redondezas; e, por via disso, ele se recupera em relação a todas as desonras ás quais ele fora submetido no momento em que fora derrotado, quando havia sido não somente espancado, a ponto de quase morrer naquele instante, mas ainda marcado a ferro-em-brasa, ao modo das criações de propriedade do Major.

Um tipo de desfecho que, para nós, significa não própria mente uma renúncia em relação ao mundo sóciomaterial em troca do mundo espiritual, como já o havíamos dito anteriormente. lias a uma tentativa de regresso ao contexto da sociedade. Se bem que conseguida de uma forma muito especial, que é a do renascimento do herói na memória de seus antepassados. A isto se liga portanto as suas últimas palavras, correspondentes ás últimas linhas do texto: "Põe a benção na minha filha.., seja lá onde for que ela esteja... E, Dionóra... Fala a Dionóra que está tudo em ordem!" "Depois, morreu".

*

Nesta perspectiva, entendemos que o nome Augusto Esteves, cujo sobrenome Esteves nos lembra a sua filiação ao Coronel Afonsão Esteves, refere-se á sua personalidade enquanto indivíduo ainda jovem, bem como á sua origem no mundo .da propriedade, revelado através do título "Coronel", pertencente ao pai; ou indivíduo cujo prenome Augusto - o "Divino" – nos faz recordar os seus vinculo com o mundo da religião: "Quem criou Nhô Augusto foi a avo... Queria o menino p'ra padre... Rezar, rezar, o tempo todo, santimônia e ladainha...".[35] Personalidade configurada no enredo de forma apenas indireta, por meio de algumas cenas particulares, como no caso acima.

O nome Nhô Augusto, por sua vez, cujo título "Nhô" (Senhor) nos lembra o status no qual ele se acha investido no momento, refere-se pois ao homem adulto, já convertido no chefe de uma determinada família e no proprietário de algumas fazendas. Personalidade em torno da qual se constrói o enredo propriamente dito, através de uma trama que engloba cinco distintos episódios, correspondentes todos eles ao presente da vida do herói, isto é, ao período que vai do momento de suas ações pecadoras no adro da igreja, em companhia do grupo de marginais ai estacionado, ao instante de sua morte no duelo com o valentão Joãozinho Bem-Bem.

Trata-se, pois, de duas diferentes alternativas, no que se refere ao destino do jovem Augusto Esteves: se os esforços da avó tivessem produzido os frutos realmente desejados, o seu futuro seria de fato o de um sacerdote: "Rezar, rezar, o tempo todo, santimônia e ladainha..."; caso contrária, ele converter-se-ia num proprietário e chefe de família. Se fosse na época do Império Romano, como sugerira Roberto da Mata, haveria ainda uma terceira possibilidade, que seria a da busca de uma certa unidade entre o Poder Sócio-Material e o Poder Sócio-Espiritual, configurados respectivamente nos lexemas Nhô (o "Proprietário") e *Augusto* (o "Divino").

Ocorre, todavia, que a "mãe de Nhô Augusto morreu, com ele ainda pequeno... Pai era como que Nhô Augusto não tivesse..." ("era um leso, não era p'ra chefe de família..."). "Um tio era criminoso, de mais de uma morte, que vivia escondido, lá no Saco-da-Embira...".[36] E, em decorrência disso, eis o produto que daí resultara, como já o havíamos visto no inicio daquele resumo elaborado por Willi Bolle: "Nhô Augusto é, de toda a região, o maior valentão: gosta de briga e de deboche, tira as namoradas e mulheres de outros, não se preocupa nem com sua mulher nem com sua filha e deixa sua fazenda arruinar-se".[37]

Resultado: frustram-se ambas as alternativas: tanto a de Augusto Esteves — o futuro sacerdote; quanto a de Nhô Augusto — o futuro proprietário e chefe de família. =

Frutifica-se, no entanto, uma terceira alternativa; a qual, não sendo nem bem a de Augusto Esteves nem bem a de Nhô Augusto, só poderia ser a de Augusto Matraga - o homem "no caminho do Mal".

Assim, ao depararmos com a nterrogação: "Matraga - ou matraca?", feita por Da Mata; nos vem, logo de imediato, esta segunda possibilidade: Matraga - ou *mal-traga?*

Augusto representa o Divino; Matraga representa o Mal. A avó representa a fonte do Divino, ou das tendências do Bem; o pai, a fonte do Demoníaco, ou das tendência do Mal. Matraga é, pois, o indivíduo cujos pais o botaram no mundo a fim de que, *em si mesmo*, o Mal *traga* ao passo que Augusto Matraga é a personalidade que, desde a sua origem, traz - em si mesmo - as tendências tanto da perspectiva do Bem (do *Divino*) quanto da perspectiva do Mal (do *Demoníaco*).

Augusto Matraga e Joãozinho Bem-Bem

Um último exemplo, igualmente importante na determinação do tema que vínhamos estudando, é o que diz respeito á relação entre o nome Matraga, no sentido com que o identificamos no capitulo anterior, e o nome Bem-Bem, referente ao cangaceiro Joãozinho Bem-Bem, enquanto símbolo de uma possível unidade entre a perspectiva do Mal e a perspectiva do Bem. Processo por meio do qual se intenta uma certa saída para o conflito que conduzira o destino de nosso herói desde o seu nascimento.

"Vindos do norte, da fronteira velha-de-guerra, bem montados, bem enroupados, bem apessoados, chegaram uns oito homens, que de longe se via que eram valentões: primeiro surgiu um, dianteiro, que percorreu, de ponta a ponta, o povoado, pedindo água á porta de uma casa, pedindo pousada em outra, espiando muito para tudo e fazendo perguntas depois, então, apareceram os outros, equipados com um despropósito de *armas* - carabinas, novinhas quase; garruchas, de um e dois canos; revólveres de boas marcas; facas, punhais, quicés de cabos esculpidos; porretes e facões, - e transportando um excesso de *breves* nos pescoços" (grifo nosso).[38]

Ora, as *armas*, como se sabe, representam a *morte*: logo, um símbolo da perspectiva do Mal, embora numa determinada guerra, ou na prática de uma certa vingança, possam funcionar na categoria de um *bem*. Os *breves*, por sua vez, representam a defesa da vida contra a morte: logo, um símbolo da perspectiva do Bem, embora no caso presente corresponda a um determinado mal, que é o do desvio manifesto pelo misticismo predominante no sertão da época, em relação ao catolicismo oficial, a exemplo de Antônio Conselheiro e dos revoltosos que, de amuletos no pescoço e armas na mão, engrossavam as fileiras do santo revolucionário na luta contra o latifúndio reacionário.[39]

"O bando desfilou em formação espaçada, o chefe no meio. E o chefe - o mais forte e o mais alto de todos, com um lenço azul enrolado no chapéu de couro, com dentes brancos limados em acume, de olhar dominador e tosse rosnada, mas sorriso bonito e mansinho de moça - era o homem mais afamado dos dois sertões do rio: célebre do Jequitinhonha á Serra das Araras, da beira do Jequitaí á barra do Verde Grande, do Rio Gavião até nos Montes Claros, de Carinhanha até Paracatu; maior do que Antônio Dó ou Indalécio; o arranca-toco, o treme-terra, o come-brasa, o pega-à-unha, o fecha-treta, o tira-prosa, o parte-ferro, o rompe-racha, o rompe-e-arrasa: Seu Joãozinho Bem-Bem".[40]

Joãozinho Bem-Bem, da mesma forma que Augusto Matraga, é a personalidade que traz ("traga") em si mesma - desde a sua própria origem - as tendências tanto da perspectiva do Bem como da perspectiva do Mal. Mas com a diferença de. que, enquanto que em Augusto Matraga elas se manifestam na forma de um *conflito*, conforme o vimos anteriormente, em Joãozinho Bem-Bem elas se expressam na forma de uma *unidade*, a exemplo dos. místico-revolucionários.[41] E daí o sentido da identificação, manifesta no decorrer de todo o encontro entre os dois valentões, entre a conduta do pecador Nhô Augusto, cuja estadia naquela região (o sítio do Tombador) decorria justamente de uma tarefa que lhe fora imposta pelo chefe do catolicismo oficial, e a do cangaceiro Joãozinho Bem-Bem, já reconhecido por tal instituição, enquanto aliada do sistema ideológico dominante (o latifúndio patriarcalista e reacionário), como uma espécie de Demônio do sertão.

"A pois, se o senhor não se acanhe de entrar em casa de pobre, eu lhe convido para passar mal e se arranchar comigo, enquanto for tempo de querer ficar por aqui... E de armar sua rede debaixo do meu telhado, que vai me dar muita satisfação!".[42] E Nhô Augusto, durante a recepção ao bando de valentões, "passeava com os olhos, que nunca ninguém tinha visto tão grandes nem tio redondos, mostrando todo o branco ao redor. Seu Joãozinho Bem-Bem ria um riso descansado, e os outros riam também, circundando-o, obedientes".

E Nhô Augusto, de tanto entusiasmo, chega a imaginar inclusive a sua participação naquele bando de homens corajosos e valentes, na categoria de chefe condutor daquela disciplina da tropa: "Opa! oi-ai!... A gente botar você, mais você, de longe, com as clavinas... E você outro, aí, mais este compadre de cara séria, p'ra voltearem... E este companheiro chega dor, para chegar na frente, e não dizer até-logo!... E depois chover sem chuva, com o pau escrevendo e lendo, e arma-de-fogo debulhando, e homem mudo gritando, e os dolado-de-lá correndo e pedindo perdão!..."[44]

Joãozinho Bem-Bem, por sua vez, que não perdia nenhum dos gestos de Nhô Augusto, declara em seguida: "O senhor, mano velho, a modo e coisa que é assim meio diferente, mas eu estou lhe prestando atenção, este tempo todo, e agora eu. acho, pesa do e pago, que o senhor é mas é pessoa boa mesmo, por ser. Nossos anjos-da-guarda combinaram, e isso para mim é o que serve. A pois, se precisar de qualquer coisa, se tem um recado ruim para mandar para alguém... Tiver algum inimigo alegre, por aí, é só dizer o nome e onde mora. Tem não? Pois, tá bom. Deus lhe pague suas bondades".

Mas, apesar de toda a sua motivação, Matraga no entanto recusa a proposta. E Bem-Bem, por seu turno, como uma verdadeira tentação, continua insistindo: "Mano velho, o senhor gosta de briga, e entende. Está-se vendo que não viveu sempre aqui nesta grota, capinando roça e contando lenha... Não quero especular coisa de sua vida p'ra trás, nem se está se escondendo de algum crime. Mas, comigo é que o senhor havia de dar sorte! Quer se amadrinhar com meu povo? Quer vir junto?".[46] E a atitude de Nhô Augusto, mais uma vez, é a da recusa: "Ah,' não posso! Não me tenta, que eu não posso, seu Joãozinho Bem-Bem...; embora sem conseguir esconder, em nenhum momento, a sua mais profunda inclinação, seja para a utilização das forças armadas de Bem-Bem na vingança contra os inimigos que o haviam derrotado anteriormente, seja para a sua entrada para o bando e a sua participação pessoal na execução da tarefa.

Esta atitude do cangaceiro Joãozinho Bem-Bem, no sentido de desviar a conduta do herói Nhô Augusto da trajetória indicada pelo chefe do catolicismo oficial em troca da trajetória da vingança contra seus antigos adversários, permanece no desenrolar de todo o referido encontro e, no encontro posterior, que é o do desfecho da narrativa (no povoado do Rala-Coco), volta-se novamente a mesma atitude, e agora num sentido inclusive mais provocador que no primeiro encontro: "Que-o-que! Essa mania de rezar é que está lhe perdendo... O senhor não é padre nem frade, p'ra isso; é algum?... Cantoria de igreja, dando em cabeça fraca, desgoverna qualquer Valente... Bobajada!...".[48]

E daí, por conseguinte, o sentido manifesto pelo nome Bem-Bem, assim nesta forma repetida do vocábulo Bem: símbolo do *caráter demoníaco* da conduta do cangaceiro Joãozinho Bem-Bem, enquanto agente das forças do Mal disfarçado no papel de um representante das forças do Bem, no sentido de desviar a conduta do pecador Augusto

Matraga do caminho do Bem para o caminho do Mal; ou seja, da trajetória indicada pela tradição à qual ele se achava vinculado, em troca da trajetória da violação das normas instituídas por tal tradição.

Em consequência disso, eis o desfecho da narrativa : ambos morrem ao mesmo tempo, como numa espécie de vingança, provida pelas Forças lá de Cima (contra a aliança iniciada pelos dois malfeitores) em represália por suas tentativas de subverter as regras do sistema; não obstante ao fato de que um deles - Augusto Matraga - morre praticando uma certa benfeitoria, isto é, impedindo Joãozinho Bem-Bem de cometer uma dada injustiça contra os membros de uma determinada família.

CONCLUSÃO

Na elaboração deste ensaio, destinado à busca de uma certa contribuição, no que se refere ao processo de análise e entendimento da construção artística em Guimarães Rosa, o nosso raciocínio baseou-se, fundamentalmente, na correlação entre as componentes de três planos básicos. O plano discursivo, referente ao modo de articulação entre as componentes do idioma no qual a obra foi escrita e as componentes da realidade por ela interpretada; realidade configurada no Interior das diversas narrativas na matriz de determinados gêneros como o épico, o lírico, o dramático, etc. O plano *representativo*, referente à hierarquia em que se acham distribuídos e organizados, no decorrer do processo narrativo, os diversos acontecimentos que entram na constituição da trama, enquanto sistema artístico global. E o plano *temático*, referente à hierarquia em que se encontram distribuídos e organizados, no interior do enredo, os diferentes motivos (ideias ou conceitos) que constituem o seu tema fundamental, enquanto sistema semântico global.

Trata-se, pois, de um processo no qual as componentes dos três planos acima Indicados - o discursivo, o representativo e o temático - além de formarem, conjuntamente, uma estreita interconexão, no decorrer de todo o enredo, através da composição dos mais diferentes tipos de unidades, como as palavras, as frases, os parágrafos e o texto, ao nível do plano discursivo; os acontecimentos, as cenas, os episódios e a trama, ao nível do plano representativo; os motivos, os subtemas e o tema, ao nível do plano temático; formam ainda uma perfeita hierarquia, constituída estas mesmas unidades, na qual cada uma delas, na medida em que o processo vai-se desenvolvendo, integramse, por sua vez, no sistema de outras unidades sucessivamente mais complexas, no sentido da construção do modelo em que elas realmente se inserem.

Da mesma forma que, na composição do plano discursivo, os fonemas ou grafemas integram-se no sistema das palavras, as palavras no das frases, as frases no dos parágrafos e os parágrafos no do texto; na composição do plano representativo os acontecimentos integram-se no sistema das cenas, as cenas no dos episódios e os episódios no da trama; e, na composição do plano temático, os motivos (ideias ou conceitos) integram-se no sistema dos subtemas e os subtemas no do tema propriamente dito, enquanto unidade semântica global, manifesta por meio de todos os acontecimentos descritos pela obra.

Este, por conseguinte, á o esquema fundamental de nosso raciocínio, no que se refere A concepção da obra escrita por Guimarães Rosa, ao mesmo tempo, enquanto objeto esteticamente concebido e enquanto modelo de interpretação da realidade. Esquema elaborado desde um ponto de vista específico, que é o do método estrutural semiótico, conforme o definimos na introdução. Um esquema que, se bem que elaborado com base não somente nas teorias anteriormente mencionadas, mas também nas leis do nosso próprio objeto de análise, esperamos que possa ser aplicado em seja lá que tipo for de narrativa, enquanto produto esteticamente concebido.

.

BIBLIOGRAFIA

Obras de João Guimarães Rosa.

GUIMARÃES ROSA, JOAO, Sagarana, 28 ed., Nova Fronteira, Rio de Janeiro, 1984.

GUIMARÃES ROSA, JOAO, Miguilim e Manuelzão (Corpo de Baile, 1), Edição "Livros do Brasil", Lisboa, s/d.

GUIMARAES ROSA, JOÃO, A Aventura nos Campos Gerais (Corpo de Baile, 2), Edição "Livros do Brasil", Lisboa, s/d.

GUIMARÃES ROSA, JOÃO, Noites do Sertão (Corpo d.e Baile, 2.), 3ª ed., Liv. José Olympio Editora, Rio de Janeiro, 1965.

GUIMARÃES ROSA, JOÃO, Grande Sertão: Veredas, 8 ed., Liv. José Olympio Editora, Rio de Janeiro, 1971.

GUIMARÃES ROSA, JOÃO, Primeiras Estórias, 2a ed., Liv. José Olympio Editora, Rio de Janeiro, 1964.

GUIMARÃES ROSA, JOÃO, Tutaméia (Terceiras Estórias), Liv. José Olympio Editora, Rio de Janeiro, 1967.

GUIMARÃES ROSA, JOAO, Estas Estórias, Liv. José Olympio Editora, Rio de Janeiro, 1976.

GUIMARAES ROSA, JOÃO, Ave, Palavra, 3 ed., Nova Fronteira, R. de Janeiro, 1985.

Obras sobre João Guimarães Rosa.

ADONIAS FILHO, "A Ficção de Guimarães Rosa", in Guimarães Rosa, Instituto Luso-Brasileiro, Lisboa, 1969, p. 13 a 22.

AGUIAR E SILVA, VITOR MANUEL, "Visão do Mundo e Estilo em Grande Sertão: Veredas", in Guimarães Rosa, Instituto Luso-Brasileiro, Lisboa, 1969, p. 63 a 79.

BARBOSA, ALAOR, A Epopéia Brasileira ou: para Ler Guimarães Rosa, Ed. Imery Publicações Ltda, Goiânia - Go, 1981.

BOLLE, WILLI, Fórmula e Fábula (Teste de uma gramática narrativa, aplicada aos contos de Guimarães Rosa, Ed. Perspectiva, São Paulo, 1973.

BRASIL, ASSIS, Guimarães Rosa, Organizações Simões Ed., Rio de Janeiro, 1969.

CANDIDO, ANTONIO, "O Homem dos Avessos", ln Tese e Antítese, Comp. Ed. Nacional, São Paulo, 1978, p. 119 a 139.

CASTRO, NELI LEANDRO DE, Universo e Vocabulário do Grande Sertão, 2ª ed., Achiamá, Rio de Janeiro, 1982.

CHIAMPI CORTEZ, IRLEMAR, "Narración y Metalenguagen en Grande Sertão: Veredas", in Rev. Iberoamericana n.98-99, enero-junio de 1977, p. 199 a 222.

DA MATTA, ROBERTO, "Augusto Matraga, A Hora e a Vez da Renúncia", in Carnavais, Malandros e Heróis, Zahar Ed., Rio de Janeiro, 1979, p. 236 a 259.

GARBUGLIO, JOSE CARLOS, "Guimarães Rosa: a Gênese de uma Obra", in Rev. Iberoamericana n.98-99, enero-junio de 1977, p. 183 a 197.

GUIMARÃES, VICENTE, Joãozito: Infância de João Guimarães Rosa, Liv. José Olympio Ed., Rio de Janeiro, 1972.

LOPES, OSCAR, "Guimarães Rosa: Intenções de um Estilo", in Guimarães Rosa, Inst. Luso-Brasileiro, Lisboa, 1968. p. 23 a 40.

LORENZI GÜNTER W., "Guimarães Rosa', in Diálogo com a América Latina, Ed. Pedagógica e Universitária, São Paulo, 1973, p. 322 a 355.

LEANDRO DE CASTRO, NEI, Universo e Vocabulário do Grande Sertão, 2 a ed., Achiamé, Rio de Janeiro, 1982.

MELO E SOUSA, RONALDES DE, Ficção & Verdade, Clube de Poesia de Brasília, Gráfica Olímpica Ed. Ltda, Rio de Janeiro, 1918.

MIKETEN, ANTONIO ROBERVAL, Travessia de Grande Sertão: Veredas, 2ª ed., Thesaurus Ed., Brasília, 1982.

MONEGAL, EMIR RODRIGUES, "Anacronismos: Mário de Andrade y Guimarães Rosa", in Rev. Iberoamericana n.98-99, 1977, p. 109 a 115.

MEYER-CLASON, CURT, Guimarães Rosa e a Língua Alemã", in Guimarães Rosa, Inst. Luso-Brasileiro, Lisboa, 1968, p. 41 a 59.

PEREZ, RENARD, "Perfil de Guimarães Rosa', in pref. de Primeiras Estórias de J. Guimarães Rosa, 4ª ed., Liv. José Olympio Ed., Rio de Janeiro, 1968. p. xiv a xxii.

RAMOS, GRACILAINO, "Conversa de Bastidores", pref. de Primeiras Estórias de Guimarães Rosa, 4ª ed., Liv. José Olympio Ed., Rio de Janeiro, 1968, p. xxiii a xxviii.

RIBEIRO, GILVAN P., "O Alegórico em Guimarães Rosa", in Realismo e Anti-Realismo na Literatura Brasileira, Ed.Paz e Terra, Rio de Janeiro, 1974. p. 95 a 104. RONAI, PAULO, "Os Vastos Espaços", in pref. de Primeiras Estórias de Guimarães Rosa, 4ª ed.., Liv. José Olympio Ed., Rio de Janeiro, 1968, p. xxix a lviii.

SANTOS, WENDEL, A Construção do Romance em Guimarães Rosa, Ed. Ática, São Paulo, 1978;

SCHWARZ, ROBERTO, "Grande-Sertão: a Fala", in A Sereia e o Desconfiado, 2 a ed., Paz e Terra, São Paulo, 1981, p. 37 a 41.

SCHWARZ, ROBERTO, "Grande-Sertão e Dr. Fausto", in supra cit., p. 43 a 51.

SPERBER, SUZI FRANKL, Caos e Cosmos (Leitura de Guimarães Rosa), Liv. Duas Cidades, São Paulo, 1976.

V.3. Obras sobre a Teoria da Literatura e da Arte

ANDERS, GÜNTER, Kafka: Pró e Contra, Ed, Perspectiva, São Paulo, 1969.

ANTUNES BATISTA, ORLANDO, Anatomia do Narrador na Ficção Portuguesa do Século XX, tese de doutoramento pela Universidade de São Paulo, S. P., 1981.

ALMEIDA PRADO, DECIO DE, "A Personagem no Teatro", in A Personagem de Ficção, Ed. Perspectiva, São Paulo, 1968, p. 81 a 101.

ARRIGUCCI JR., DAVI, O Escorpião Encalacrado: a Poética da Destruição em Júlio Cortázar, Ed. Perspectiva, São Paulo, 1973.

ARISTOTELES, Arte Retórica e Arte Poética, Ed. Tecnoprint Ltda, Rio de Janeiro, s/d.

ASPELIM, KURT, Textens dimensioner: problem och perspectiv i literaturstudiet, Kontrakurs, Bokförlaget Pan/Norstedts, Stockholm, 1915.

ATAIDE, VICENTE, A Narrativa de Ficção, McGRAW-HILL DO BRASIL, São Paulo, 1974. AVILA, AFONSO, "Do Barroco ao Modernismo: o Desenvolvimento Cíclico do Projeto Literário Brasileiro", in Rev. Iberoamericana n. 98-99, enero—junio de 1977, p. 27 a 37.

AVILA, AFONSO, O Poeta e a Consciência Critica, Ed. Vozes Ltda, Petrópolis, 1969.

BAKHTIN, MIKHIL, Problemas da Poética de Dostoiévski, Ed. Forense-Universitária, Rio de Janeiro, 1981. Tradução de Paulo Bezerra.

BARTHES, ROLANDI Novos Ensaios Críticos: o grau zero da escritura, Ed. Cultrix, São Paulo, 1972. Tradução de Heloysa de Lima Dantas e Anne Arnichad e Alvaro Lorencini.

BARTES, ROLANDI, "Introdução a Análise Estrutural da Narrativa", in Análise Estrutural da Narrativa, 2ª ed., Ed. Vozes Ltda, Petrópolis RJ, 1972, p. 19 a 60.

BARBOSA, JOAO ALEXANDRE, "O Curso do Discurso: leitura de O Cão Sem Pluma de João Cabral de Meio Neto", in Rev. Iberoamericana n.98-99, enero-junio de 1977, .p. 149 a 167.

BELLA JOZEF, "Clarice Lispector: la Transgreciõn como Acto de Libertad", in op. supra cit., p. 225 a 231.

BOAL, AUGUSTO, Teatro do Oprimido, Ed. Civilização Brasileira, Rio de Janeiro, 1977.

BOAL, AUGUSTO, Técnicas Latino Americanas de Teatro Popular, Ed, Centelha, Coimbra, 1977.

BOSI, ALFREDO, História Concisa da Literatura Brasileira, Ed. Cultrix, São Paulo, 1972.

BOSI, ALFREDO, "A Máscara e a Fenda" (sobre alguns contos de Machado de Assis). In Rev. Civilização Brasileira n.17, Rio de Janeiro, 1979, p. 117 a 149.

BONET, CARMELO, Critica Literária, Ed. Mestre Jou, São Paulo, 1969. Tradução de Luiz Aparecido Caruso.

BONET, CARMELO M., A Técnica Literária e seus Problemas, Ed. Mestre Jou, São Paulo, 1970. Tradução de Miguel Maillet.

GONHOTE, NICOLAS, "Rumos de uma análise sociológica da obra de Mariavaux", in Sociologia da Literatura, col. Teses, Editorial Estampa, Lisboa, 1972, p. 29 a 40.

BOURNEUF, ROLAND E OUELLET, REAL, L'Univers du Roman, Presses Universitaires de Fance, 1975.

BRASIL, ASSIS, "A Chave da Obra de Guimarães Rosa", in Jornal de Letras n.213, Guanabara, janeiro de 1968.

BREMOND, CLUADE, "A Lógica dos Possíveis Narrativos", in Análise Estrutural da Narrativa, 2 a ed., Vozes Ltda, Petrópolis RJ, 1972, p. 110 a 135.

BURKE, KENNETH, Teoria da Forma Literária, Ed. Cultrix, São Paulo, 1969.

CAYSER, WOLFGAN, Análise e Interpretação da Obra Literária, Ed. Armênio Amado, Coimbra, 1910, vol. II.

CANDIDO, ANTONIO. "A Personagem do Romance", in A Personagem de ficção, Ed. Perspectiva, São Paulo, 1968, p. 53 a 79.

CANDIDO, ANTONIO, Tese e Antítese, 3 ed., Editora Nacional, São Paulo, 1978.

CANDIDO, ANTONIO, "A Literatura Brasileira em 1972", in Rev. Iberoamericana n.98-99, enero—junio de 1977, p. 5 a 16.

CAMPOS, HAROLDO DE, "Livro de Ensaio: Galaxias", in Revista supra cit., p. 39 a 49.

CAMPOS, HAROLDO DE, Morfologia do Macunaíma, Ed. Perspectiva, São Paulo, 1973.

CANCLINI, NESTOR GARCIA, A Produção Simbólica: teoria e metodologia em Sociologia da Arte, Ed. Civilização Brasileira, Rio de Janeiro, 1979. Tradução de Gloria Rodrigues.

CHAVES DE MELO, GLADSTONE, Ensaio de Estilística da Língua Portuguesa, Padrão Livraria Ed. Ltda, Rio de Janeiro, 1976.

CHAMIE, MARIO, "Mário de Andrade: Fato Aberto e Discurso Carnavalesco", in Rev. Iberoamericana n.98-99, enero-junio de 1977, p. 95 a 108.

COUTINHO, AFRANIO, org. de A Literatura no Brasil, Ed. Sul América, Rio de Janeiro, 1970.

COUTINHO, AFRANIO, "O Peregrino da América", In Revista Iberoamericana n.98-99, 1977, p. 88 a 93.

DAIX, PIERRE, Critica Nova e Arte Moderna, Ed. Civilização Brasileira, Rio de Janeiro, 1977. Tradução de Hamílcar Garcia.

EAGLETON, TERRY, Marxismo e Critica Literária, Ed. Afrontamento, Porto, 1978.

ECO, UMBERTO, Obra Aberta, Ed. Perspectiva, São Paulo, 1916.

ELSBERG, J., "A Sociologia no Estudo Burguês Contemporâneo da Literatura", in Sociologia da Literatura, Editorial Estampa, Lisboa, 1972, p. 121 a 146.

ESTRUTURALSITAS FRANCESES (vários autores), in Análise Estrutural da Narrativa, Ed. Vozes Ltda, Petrópolis RJ, 1972.

ESTETICA Y MARXISMO (vários autores), Edicionos Matinez Roca S.A., Barcelona, 1971. Trad. de Silvio Sastre.

ESTETICA MARXSITA E ACTUALIDADE (vários autores), Ed. Prelo, Lisboa, 1975.

ESCOREL, LAURO, A Pedra e o Rio: uma interpretação da poesia de João Cabral de Melo Neto, Liv. Duas Cidades, São Paulo, 1973.

EUCLIDES DA CUNHA, Os Sertões, Ed. "Livros do Brasil", Lisboa, s/d.

FERNANDES, JOSÉ, O Poeta do Pantanal, Presença Edições, Rio de Janeiro, 1984.

FERNANDES, JOSÉ, O Existencialismo na Ficção Brasileira, tese de doutoramento pela Universidade do Rio de Janeiro, 1981.

FISCHER, ERNST, A Necessidade da Arte, ed., Zahar Editores, Rio de Janeiro, 1979. Tradução de Leandro Conder. FORSTER, E. M., Aspectos do Romance, Ed. Globo, Porto Alegre, 1974.

FORMALISTAS RUSSOS (vários autores), in Teoria da Literatura, Ed. Globo, Porto Alegre, 1973.

FRANÇA, JOSE AUGUSTO, A Arte e a Sociedade Portuguesa no Século XX, Livros Horizontes Ltda, Lisboa, 1972.

FRANCASTEL, PIERRE, Sociologia del Arte, Ed. Emercé, Buenos Aires, 1972; Alianza, Madrid, 1975.

GALLAS, HELGA, Teoria Marxista de la Literatura, Siglo Veitiuno Editores, México, 1977. Tradução de Ramón Alcalde.

GARBUGLIO, JOSE CARLOS, "O fato épico e outros fatos", in Suplemento Literário do Estado de São Paulo, S.P., 25/11/ 1967.

GOLDMAN, LUCIEN, vários ensaios, in Sociologia da Literatura, Editorial Estampa, Lisboa, 1972.

GOLDMAN, LUCIEN, Dialética e Ciências Humanas, Editorial Presença, Lisboa, 1972. Tradução de João Arsênio Nunes.

GORKI, M., Pensamentos sobre la Literatura y el Arte, Moscú, 1981.

GOTLIB, NÁDIA BATTELLA, Teoria do Conto, Ed. Ática, São Paulo, 1985.

GREIMAS. A. J., "Elementos para unia Teoria da Interpretação da Narrativa Mítica", in Análise Estrutural da Narrativa, 2ª ed., Vozes Ltda, Petrópolis, 1972, p. 61 a 101.

GUERRA DA CAL, ERNESTO, Língua e Estilo de Eça de Queiroz, Ed. da Universidade de São Paulo, S.P., 1969.

GULLAR, FERREIRA, Vanguarda e Subdesenvolvimento, 2 a ed., Civilização Brasileira, Rio de Janeiro, 1978.

HAUGON OLSENI STEIN, A Estrutura do Entendimento Literário, Zahar Ed., Rio de Janeiro, 1979.

HAUSER, ARNOLD, História Social da Literatura e da Arte, 2 vol., 2 a ed., Mestre Jou, São Paulo, 1972. Tradução de Walter H. Geenen.

HEGEL. ESTETICA: vol. IV, A Arte Clássica e a Arte Romântica (1972); vol. V, Arquitetura e Pintura (1962); vol. VI, Pintura e Música (1974); vai. VII, Poesia (1980), Guimarães Editores, Lisboa.

IMBERTI ENRIQUE ANDERSON, Métodos de Critica Literária, Liv. Almeida, Coimbra, 1971. Tradução de Eugênia Maria M. de Madeira de Aguiar e Silva.

JAKOBSON, ROMAN, Relações entre a Ciência da Linguagem e as outras Ciências, Liv. Bertrand, Lisboa, 1974. Tradução de Maria Fernanda Bacelar Nascimento.

JAKOBSON, ROMANI "Linguistique et Poetique", in Essais de Linguistique Géneral, Seuli, Paris, 1970, p. 213 a seg.

JAKOBSON, ROMAN, "Do Realismo Artístico", in Teoria da Literatura: Formalistas Russos, Ed. Globo, Porto Alegre, 1913. p. 119 a 127.

KALINOWSKA. SOPHIE-IRENE, Les Motifs Décadents dan les poémes d'Emile Verhaeren, Varsóvia, 1967.

KLEBERG, LARS, Teater som handling: Sovjetisk avantgardeestetik 1917-1927, Kontrakurs, Bokförlaget Pan/Norstedts, Stockholm, 1980.

KOTHE, FLAVIO RENE, O Herói, Ed. Ática, São Paulo, 1985. KRISTEVA, JULIA, Semiótica do Romance, Ed. Ática, São Paulo, 1977. Tradução de Maria Alzira Seixo.

LA ESTETICA MARXISTA Y LA CREACION ARTISTICA (vários autores), Editorial Progresso, Moscou, 1980.

LEBEL, JEAN-PATRIC, Cinema e Ideologia, Editorial Estampa, Lisboa, 1975.

LENIN, La Literatura y el Arte, Editorial Progreso, Moscú, 1970.

LESKY, ALBIN, A Tragédia Grega, Ed. Perspectiva, São Paulo, 1971.

LIFSCHITZ, MIJAIL, Karl Marx y la Estética, Editorial Arte y Literatura, Avana, 1976.

LOTMAN, IURI, A Estrutura do Texto Artístico, Editorial Estampa, Lisboa, 1978.

LOTMAN, YURI, Estética e Semiótica do Cinema, col. Imprensa Universitária, Editorial Estampa. Lisboa, 1978. Tradução de Alberto Carneiro.

LOGERROTH, ERLAND, Roman i din hand, col. Tema Nova, Rabén & Sjögren, Stockholm, 1976.

LUKACS, GEORG, Introdução a uma Estética Marxista, 2ª ed., Civilização Brasileira, Rio de Janeiro, 1970.

LUKÁCS, BLOCH, EILER E BRECHT, Realismo, Materialismo e Utopia: uma polêmica 1935-1940, Moraes Editores, Lisboa, 1978.

LUKACS, GEORG, Teoria do Romance, Editorial Presença, Lisboa, s/d.

LUKACS, GEORG e outros, Conversando com Lukács, Ed. Paz e Terra, Rio de Janeiro, 1969.

MUIR, EDWIN, A Estrutura do Romance, Ed. Globo, Porto Alegre, 1975. Tradução de Maria da Gloria Bordini.

MUKAROVSKÝ, JANI Escritos de Estética e Semiótica da Arte, Ed. Estampa, Lisboa, 1981. Tradução de Manuel Ruas.

MARTINS, WILSON, "Tendências da Literatura Brasileira Contemporânea", in Revista Iberoamericana n.9899, 1977, p. 17 a 22.

MARX-ENGELS, Sobre Literatura e Arte, Editorial Estampa, Lisboa, 1974.

MACHERREY, PIERRE, Para uma Teoria da Produção Literária, Editorial Estampa, Lisboa, 1911. Tradução de Ana Maria Alves.

MOISÉS, MASSAUD, A Criação Literária, Edições Melhoramentos, São Paulo, 1973.

OLSEN, STEIN HAUGOM, A Estrutura do Entendimento Literário, Zahar Editores, Rio de Janeiro, 1979. Tradução de Waltensir Dutra.

PEREIRA, ASTROJILDO, Crítica Impura, Ed. Civilização Brasileira, Rio de Janeiro, 1963.

PINHEIRO TORRES, ALEXANDRE, O Neo-Realismo Literário Português, Morais Editores, Lisboa, 1976. PLEKHANOV, GEORGES, L'Art et la Vie Sociale, Ediciones Sociales, Paris, 1975.

POMORSKA, CRYSTYNA, Formalismo e Futurismo, Ed. Perspectiva, São Paulo, 1972.

POUILLON, JEAN, O Tempo no Romance, Ed. Cultrix, Universidade de São Paulo, 1974. Tradução de Heloysa de Lima Dantas.

PROPP, VLADMIR, Morfologia do Conto, Editorial Vega, Lisboa, 1978.

QUEIROZ, RACHEL, "José de Alencar", in Iracema de José de Alencar (edição do centenário), Liv. José Olympio Ed., Rio de Janeiro, 1965, p. 251 a 253.

RAMOS. FELICIANO, Poética e Estilística, Liv. Cruz, Braga, 1966.

RAMOS TINHORÃO, JOSÉ, Pequena História da Música Popular Brasileira, 2 a ed., Vozes Ltda, Petrópolis RJ, 1975.

RAMOS, MARIA LUIZA, Fenomenologia da Obra Literária, Ed. Forense-Universitária, Rio de Janeiro, 1968.

READ, HERBERT, O Significado da Arte, Ed. Ulisseia, Lisboa, 1969. Tradução de A. Neves-Pedro.

REIS, CARLOS, Técnica de Análise Textual, Liv. Almeida, Coimbra, 1976.

ROMBER, BERTIL, Att Läsa Epik, Liberläromedel, Lund, 1977.

ROSENFELD, ANATOL, "Literatura e Personagem', in A Personagem de Ficção, São Paulo, 1968, p. 9 a 49.

SALES GOMES, P. P., Humberto Mauro, Cataguases, Cinearte, Ed. Perspectiva, São Paulo, 1974.

SANCHEZ VAZQUEZ, ADOLFO, "La Definición del Arte", in Deslinde, rev. de la Facultad de Filosofía y

Letras, UNAM, México, D.F., mayo-agosto de 1969, p. 12-29.

SANTOS, WENDEL, Os Três Reais da Ficção, Ed. Vozes Ltda, Petrópolis RJ, 1978.

SANTOS, WENDEL, A Construção do Romance em Guimarães Rosa, Ed. Ática, São Paulo, 1978.

SANTOS, WENDEL, Critica, uma Ciência da Literatura, Ed. da Universidade Federal de Goiás, Goiânia, 1983.

SALES GOMES, PAULO EMILIO, "A Personagem Cinematográfica", in A Personagem de Ficção, Ed. Perspectiva, São Paulo, 1968, p. 103 a 119.

SARAIVA, ANTONIO JOSE E LOPES, OSCAR, História da Literatura Portuguesa, Porto Ed. Ltda, 1979.

SARAIVA, ANTONIO JOSE, Ser ou não Ser Arte, Publ. Europa-América, Portugal, 1973.

SCHWARZ, ROBERTO, A Sereia e o Desconfiado, 2ª ed., Paz e Terra, Rio de Janeiro, 1981.

SCHWARTZ, JORGE, "Ficción e Ideologia: la narrativa fantástica de Murilo Rubião", in Rev. Iberoamericana n.98-99, enero-junio de 1977, p. 233 a 244.

SIMON, IUMANA MARIA, "Projetos alternativos: confrontos de poéticas", in Rev. supra cit., p. 169 a 180.

SENA, JORGE DE, Dialéticas Teóricas da Literatura, Edições 70, Lisboa, 1977.

SODRÉ, NELSON WERNECK, História da Literatura Brasileira, Ed. Civilização Brasileira, Rio de Janeiro, 1969.

SODRÉ, NELSON WERNECK, Oficio de Escritor, Ed. Civilização Brasileira, 1965.

SODRE, NELSON WERNECK, O Naturalismo no Brasil, Ed. Civilização Brasileira, 1965.

STANISLAVSKI, CONSTANTIN, A Construção da Personagem, Ed. Civilização Brasileira, Rio de Janeiro, 1976.

STEGAGNO PICDHIO, LUCIANA, A Lição do

Texto: filologia e literatura, Edições 70, Lisboa, 1979.

STOLNITZ, JEROME, Aesthetics, Macmilan Publishing Co., INC, New York.

TODOROV, TZVETAN, Estruturalismo e Poética, 2ª ed., Cultrix, São Paulo, s/d.

TODOROV, TZVETAN, Introdução à Literatura Fantástica, Ed. Perspectiva, São Paulo, 1975.

TODOROV, TZVETAN, "As Categorias da Narrativa Literária". in Análise Estrutural da Narrativa, 2ª ed., Vezes Ltda, Petrópolis, 1972, p. 209 a 254.

TOMACHEVSKI, B., "Temática", in Teoria da Literatura: formalistas Russos, Ed. Globo, Porto Alegre, 1973, p. 167-204.

TROSKY, LEON, Literatura y Revolución, Yunque Ed., Argentina, s/d.

TROSKY, LEON, "A Escola Poética Formalista e o Marxismo", in Teoria da Literatura: formalistas russos, Ed. Globo, Porto Alegre, 1973, p. 71 a 85.

VANGUARDA E MODERNIDADE, vários autores, Rev. Tempo Brasileiro n. 17, Rio de Janeiro, 1971.

WALDMAN, BERTA, "Dalton Trevisan: a linguagem roubada", in Revista Iberoamericana n 98-99, 1977, p. 247 a 255.

WOLLEN, PETER, Signos e Significação no Cinema, Livros Horizontes, Rio de Janeiro, 1979.

WELLEK, RENÉ E WARREN, AUSTIN, Teoria da Literatura, 3ª ed., Publ. Europa-América, Lisboa, 1971.

ZARATE, ARMANDO, "Devenir y Síntese de la Poesia Concreta", in Rev. Iberoamericana n. 98-99, 1977, p. 117 a 146.

V. 4. Obras em Geral.

AAVV, "Introdução ao estudo estrutural dos sistemas de signos2, in A Linguagem e os Signos, rev. Tempo Brasileiro n. 29, Rio de Janeiro, 1912, p. 3 a 10. Tradução de Juvenal Hahne Júnior.

A LINGÜÍSTICA HOJE, vários autores, rev. Tempo Brasileiro n. 32, Rio de Janeiro, 1973.

ANALISE   DAS   LINGUAGENS EPISTEMOLOGICAS, vários autores, rev. Vozes n. 4, Petrópolis, 1972.

ANSELMO, ZILDA AUGUSTA, Histórias em Quadrinhos, Ed. Vozes Ltda, Petrópolis, 1975.

ASH, WILLIAM, Marxismo y Moral, Ediciones Era, México, 1969. Tradução de Francisco González Aramburo.

BARBOSA, FRANCISCO S., Fundamentos da Gramática Gerativa 2ª ed., Vozes Ltda, Petrópolis RJ, 1977.

BRAGA, MARIA LUCIA SANTAELLA, Produção de
Linguagem e Ideologia, Cortez Editora, São Paulo, 1980.

CIRNE, MOACY, A Linguagem dos Quadrinhos: o universo estrutural de Ziraldo e Maurício de Sousa, Ed. Vozes Ltda, 4ª ed., Petrópolis, 1975.

COUTINHO, ISMAEL DE LIMA,   Gramática Histórica, Liv. Acadêmica, Rio de Janeiro, 1974.

CUNHA, CELSO, Gramática do Português Contemporâneo, Ed. Bernardo Alvares S.A., Belo Horizonte, 1969.

DA MATA, ROBERTO, Carnavais, Malandros e Heróis, Zahar Editora, Rio de Janeiro, 1979.

FACO, RUI, Cangaceiros e Fanáticos, Ed. Civilização Brasileira, Rio de Janeiro, 1976.

FREIRE, PAULO, Pedagogia do Oprimido, 2ª ed., Afrontamento, Porto, 1975.

GARCIA, OTHON M., Comunicação em Prosa Moderna, Fundação Getúlio Vargas, 1969.

GENOUVRIER, EMILE E PEYTARD, JEANI Lingüística e o Ensino do Português, Liv. Almedina, Coimbra, 1974.

GUIRAUD, PIERRE, A Semiologia, Editorial Presença, Lisboa, s/d.

HERMENEUTIK, vários autores, Rabén & Sjogren, Stockholm, 1977.

LEVI-STRAUSS, CLAUDE, Mito e Significado, Edições 70, Lisboa, 1978.

LINGUISTIQUE GENERALE: systeme et structure du langage, vários autores, Editions du Progrés, Moscu, 1981.

LOTMAN, IURI, "O problema de uma tipologia da cultura", In A Linguagem e os Signos, Rev. Tempo Brasileiro n. 29, Rio de Janeiro, 1972, p. 30 a 44.

LYONS, JOHN, Semântica Estrutural, Editorial Presença, Lisboa, s/d.

LYONS, JOHN, O que é a Linguagem?: introdução ao pensamento de Noam Chomsky, Editorial Estampa, Lisboa, 1972. Tradução de Bruno da Ponte.

LYONS, JOHN, Introducción a la Lingüística Teórica, Teide, Barcelona, 1971.

MAESTRE ALFONSO, JUAN, La Investigación en Antropologia Social, Akasl Editor, Madrid, 1976.

MALBERG, BERTIL, A Fonética, Ed. "Livros do Brasil", Lisboa, s/d. Tradução de Oliveira Figueiredo.

MALBERG, BERTIL, Nya Vägar Inom Språkforskningen, Läromedels-förlagen, Stockholm, 1970.

MARX-ENGELS, Obras Escolhidas, Editorial Progresso, Moscou.

MARX, KARL, O Capital (6 vol.), Ed. Civilização Brasileira, Rio de Janeiro, s/d.

MARX, KARL, Contribuição para a Crítica da Economia Política, Editorial Estampa, Lisboa, 1975.

MARX, KARL, Manuscritos Econômicos y

<u>Filosóficos</u>, Alianza Editorial, Madrid, 1979.

MATTOSO CAMARA JR., JOAQUIM, <u>Estrutura da Língua Portuguesa</u>, 2ª ed., Vozes Ltda, Petrópolis, 1977.

MATTOS CANARA JR., JOAQUIM, <u>Para o Estudo da Fonêmica Portuguesa</u>, Padrao-Liv. Editora, Rio de Janeiro, 1977.

MOUNIN, GEORGES, <u>Introdução à Lingüística</u>, ed., Iniciativas Editoriais, Lisboa, 1975. Tradução de José Meireles.

MOUNIN, GEORGES, <u>A Lingüística do Século XX</u>, Editorial Presença, Lisboa, 1972.

ORLANDI, ENI PULCINELLI, <u>A Linguagem e seu Funcionamento</u>, Ed. Brasiliense, São Paulo, 1983.

PRIETO, JUIS J., <u>Mensagens e Sinais</u>, Ed. Cultrix, São Paulo, 1973. Tradução de Anne Arnichand.

PONTES, EUNICE, <u>Estrutura do Verbo no Português Coloquial</u>, Ed. Vozes, Petrópolis, 1972.

PAULUS, JEAN, <u>A Função Simbólica e a Linguagem</u>, EDUSP-Ed. da Universidade de São Paulo, S.P., 1975.

RICOEUR, PAUL, "Qu'est-ce Qu'un Texte?", in Hermenejik und Dialektik, (Türbingen: J.C.B. Mohr, 1970), p. 181 a 200.

RICOEUR, PAUL, "Creativity in Langauge", in <u>Philosophy Today</u>
n.   2, 1973, p. 97 a 111.

RICOEUR, PAUL, "From Existencialism to the Philosophy of Language", in op. supra dit., p. 88 a 96.

RICOEUR, PAUL, "The Hermeneutical Function of Distanciation", in supra cit., p. 129 a 141.

RICOEUR, PAUL, "The Task of Hermeneutics", in supra cit., p. 112 a 128.

RICOEUR, PAUL, "Ethics and Culture", in supra cit.,
p. 153 a 165.

RODRIGUES LAPA, M., Estilística da Língua

Portuguesa, 10ª ed., Coimbra Editora Ltda, 1979.

SALVADOR, ANGELO DOMINGOS, Métodos e Técnicas de Pesquisa Bibliográfica, 2 a ed., Liv. Sulina Ed., Porto Alegre, 1977.

SANCHEZ VAZQUEZ, ADOLFO, Ciencia y Revolución: el marxismo de Althusser, Alianza Editorial, Madrid, 1978.

SOUSA, DANIEL DE, Epistemologia das Ciências Sociais, Livros Horizontes Ltda, Lisboa, 1978.

SOUSA, DANIEL DE, A Ideologia, os Ideólogos e a Política, Liv. Horizontes Ltda, Lisboa, 1978.

SAUSSURE, FERDINAND DE, Curso de Lingüística Geral, Publicações Dom Quixote, Lisboa, 1977. Tradução de José Victor Andrade.

THAO, TRÂN DUC, Estudos sobre a Origem da Consciência e da Linguagem, Editorial Estampa, Lisboa, 1914. Tradução de F. Reis.

TELEMAN, ULF E HULTMAN, TOR G., Spráket i Bruk, LiberLäromedel, Lund, 1979.

V.V. IVANOV, "Papel da semiótica na investigação cibernética do homem e da coletividade", in A Linguagem e os Signos, Rev. Tempo Brasileiro n. 29, Rio de Janeiro, 1972, p. 11 a 29. Tradução de Juvenal Hahne Júnior.

VIDOS, B. E., Manual de Lingüística Românica, Ed. Aguilar, Madrid, 1973. Tradução de Francisco de B. Moll